Harmonica Masterpiece Series vol.08

Comprehensive Repertoire

하모니카 명곡집 8

종합 편

KB188303

그래서, 음악

어떤 위대한 사람이 말하기를 "음악을 이해하고 알려고 노력하지 않는 사람은 모반과 모략 그리고 약탈을 일삼을 수 있는 인간이다."라고 말했습니다.

음악을 생활화할 수 있고 음악으로 기쁨을 얻는 삶을 살 수 있기를 바라면서 이 책을 낼 수 있도록 항상 배려를 해 준 제 남편과 음악 작업을 도와준 나의 큰아들, 그리고 새 노트북을 사 준 제 막내아들에게 감사를 드립니다.

또 그래서음악 출판사 사장님께서 쾌히 승낙해 주심에 감사드립니다.

이 책이 하모니카를 사랑하는 모든 사람들에게 유익한 책이 되었으면 하는 바람입니다.

정옥선

저자 약력

경희대학교 교육대학원 수료

코리아 하모니카 앙상블 코드 주자

KBS 아침마당 출연

SBS 스타킹 출연

북경 아시아태평양 국제 하모니카 페스티벌 심사위원

제주 국제 하모니카 페스티벌 심사위원

효 신문사 주최 실버 하모니카 대회 심사위원

일본, 중국, 대만, 싱가포르, 말레이시아, 홍콩 등 아시아 국가와 미국,

유럽 국가 중 독일, 프랑스, 이탈리아, 스위스, 오스트리아 외 인도, 네팔 등

세계 여러 나라 순회 연주

현) 한국하모니카연맹 강북 지부장

저서

〈하모니카 명곡집 시리즈, ① 클래식 편 ② 가요편 ③ 팝송편 ④ 영화음악편 ⑤ 가곡편 ⑥ 동요편 ⑦ 민요편 ⑧ 종합편 , 그래서음악〉, 〈301 하모니카 명곡집, 스코어〉

목차

하모니카 건강 증진 세계 선언문

하모니카는 남녀노소, 모든 사람들의 건강 증진에 매우 유익하다는 사실이 전 세계에 알려진지가 꽤나 오래되었습니다. 하모니카는 호흡 건강은 물론 육체적, 감성적, 정신적, 사회·문화적 및 영적 건강에도 도움이 되는 악기입니다. 세계 많은 하모니카 애호가들의 오랜 개인적 체험과 경험이 지지하듯이 하모니카는 건강 증진과 질병 예방, 질병 치료에도 효과가 있다고 믿고 실제로 도처에서 하모니카의 과학적 연구가 진행되고 있습니다.

최근 미국에서는 호흡기 환자에게 쓰는 통상적 치료방법의 보조기구로 하모니카 치료법을 사용하는 병원들이 점차 늘고 있습니다. 하모니카는 단순히 부는 악기가 아니라 숨을 들이쉬어 소리 나게 하는 특별한 악기로서 미국 도처에 있는 심폐 기능 회복촉진센터에서 사용하는 일반적 호흡촉진 의료기구와 유사한 효과가 있다고 믿습니다.

또한, 미국 미조리주 세인트루이스에서 개최된 미국음악치료연맹(AMTA) 2008년 년차 총회에서도 하모니카가 건강 증진과 치료 효과가 있다는 '하모니카 음악치료법'이 보고되었습니다. 하모니카는 만성호흡증, 수면 무호흡증, 불안신경증, 우울증, 스트레스 및 심장 또는 폐 기능에 문제가 있는 사람들에게 도움이 되며, 우리 몸의 면역 체계를 강화시켜 삶의 질적 향상과 생동력과 생산성 고조에도 도움이 된다고 합니다.

하모니카는 작고 간단하여 휴대하기 간편한 악기입니다. 보기에는 비록 작지만 소리가 아름다운 음악을 연주할 수 있는 음악성이 높은 악기로 우리의 건강 증진과 함께 삶의 재미와 기쁨을 더해 줍니다. 따라서 연령과 남녀노소와 건강 상태를 초월해서 세계 모든 만민들의 인기와 사랑을 받는 악기입니다.

따라서, "하모니카는 우리의 건강과 희망과 행복과 세계 평화가 함께 어우러지게 하는 악기로 칭송받고 있습니다." 이 선언문은 미국 하모니카 연맹(SPAH) 건강증진위원회, Harmonics and Health Committee(HHC)의 위원장이 초안하고 세계 하모니카 연주자들이 서명하였고 저명한 훈련 지도자 및 유수한 의료인들이 지지하고 서명한 것으로, 2009년 8월 11일부터 15일까지 북가주 새크라멘토 시에서 개최된 연맹 창립 46주년 기념총회에서 발표되었습니다.

이상의 하모니카 건강 증진 세계 선언문을 이 책의 서문으로 사용하고자 합니다. 많은 사람들의 하모니카 사랑을 기대해 봅니다.

하모니카 이야기

하모니카는 기원전 3,000년경에 만들어진 것으로 전해지고 있습니다. 중국에서 리드 (Reed)를 가진 쉥 (Sheng)이라는 악기가 만들어졌으며, 이 악기의 원리에 의해 16 세기 초에는 지금의 하모니카와 비슷한 악 기가 만들어진 것으로 되어 있습니다. 18세기 초에 와서 개량되어져 1821년에 '크리스천 부슈만(Christian Bushman)'이라는 16세 소년이 지금의 하모니카와 비슷한 악기를 만들었는데 이 악기는 '아우라(Aura)'라 고 불렸고 메탈 리드(Metal Reed)를 사용했고 크기는 10cm 정도였으며 15음계로 멜로디를 연주할 수 있었 다고 합니다.

1827년경 현재 호너(HONNER)사가 있는 독일의 작은 도시 트로싱겐에서 지금 하모니카와 비슷한 '마 우스-하프(Mouse-Harp)'라는 악기가 만들어졌고, 1857년 호너사의 창시자인 '마티아스 호너(Mattias Honna)'가 하모니카를 생산하기 시작해 1986년에는 10억 개째 하모니카가 출시되었고 지금은 여러 나라 에서 하모니카가 생산 판매되고 있습니다.

우리나라에는 1920년경부터 소개되고 '평양 YMCA 하모니카 밴드', '쎈니 하모니카 5중주단', '고려 하 모니카 합주단' 등이 활동하였고 한국전쟁 이후 우용순, 최영진, 이덕남, 이혜봉, 선생님 등의 공헌으로 발 전하였습니다. 지금은 하모니카 단체도 많고 강사진도 많아서 하모니카 동호인들도 활동이 많고 저변확대 및 발전에 노력을 많이 하고 있습니다.

국제 행사로는 '아시아 태평양 페스티벌'이 격년으로 열리고 있고 '세계 하모니카 페스티벌'은 매년 열리 고 있습니다. 우리나라는 2000년에 제3회 아시아 태평양 대회를 개최한 바가 있고 매 대회 때마다 우수한 성적을 내고 있습니다.

하모니카의 종류

• 트레몰로(복음) 하모니카

하모니카는 위아래 두 개의 구멍으로 한 음을 소리 내는 특징이 있으며 소리의 떨림 효과를 낼 수 있는 악기입니다. 주로 중국, 일본, 한국 등 아시아에서 많이 사용하는 하모니카입니다.

• 미니 하모니카

하모니카 중 가장 작은 것으로 되어있고 4구멍으로 되어있으며 1구멍에 2개의 음을 내기 때문에 8음, 즉 1옥타브 연주를 할 수 있습니다. 목걸이와 같은 장식용으로 쓰이기도 합니다.

• 다이아토닉(Diatonic) 하모니카

10구멍으로 되어있으며 주로 통기타 가수나 보컬을 하는 사람들이 많이 사용하며 서양에서는 블루스, 컨트리, 록 같은 현대 음악이나 재즈 음악을 연주하는 악기로 사용되고 있습니다. 장음계, 단음계의 각 조성별로 24종류의 악기가 있습니다.

• 크로매틱(Chromatic) 하모니카

다른 하모니카와는 달리 ♯(샤프)나 ♭(플랫)을 자유롭게 연주할 수 있도록 옆에 버튼이 붙어 있습니다. 12구멍과 16구멍짜리가 있으며 주로 독주나 클래식 연주에 주로 사용됩니다. 유럽 쪽에서 선호하는 악기입니다.

• 코드(Chord) 하모니카

중주나 합주 등을 연주할 때 멜로디를 도와 화음만을 연주하는 하모니카로 베이스가 붙어 있는 하모니카와 화음만 낼 수 있는 **두** 종류가 있습니다. 드럼 역할도 하며 메이저, 마이너, 세븐스, 디미니쉬, 어그먼트 등 43종의 화음을 낼 수 있습니다.

• 옥타브(Octave) 하모니카

복음 하모니카의 종류로 복음 하모니카는 윗구멍과 아래 구멍이 같은 음으로 되어 있지만 옥타브 하모니카는 윗구멍과 아래 구멍이 한 옥타브 차이로 되어 있습니다.

• 베이스(Bass) 하모니카

저음을 내기 때문에 합주를 할 때 사용되며 브라스밴드의 수자폰이나 오케스트라의 콘트라베이스와 같은 역할을 합니다. 마시는 음이 없이 부는 음으로 구성되어 있습니다.

• 파이프 하모니카

오케스트라의 호른과 같은 소리를 낸다고 해서 호른 하모니카라고도 합니다. 소프라노, 알토, 두 종류로 구분되어 지고 타원형의 파이프로 감싸여 있어 소리가 양옆으로 나오며 아름답고 부드러운 소리가 납니다.

• 글리산도(Glissando) 하모니카

음의 배열이 복음이 아닌 단음, 반음으로 되어 있기 때문에 합주할 때 꾸밈 역할을 해서 묘미를 줍니다.

• 회전식 하모니카

복음 하모니카 6개 장조(A, B, C, D, F, G)를 하나로 묶어 놓은 것으로 곡의 필요에 따라 악기를 선택해서 연주할 수 있게 되며 보기 드문 악기이므로 연주 때 시선이 집중됩니다.

이 밖에도 150여 종류로 다양한 모양의 악기가 있습니다. 앞으로 쓰임새나 소리, 모양 등이 더욱 발전할 것입니다.

하모니카 연주 자세와 호흡법

1. 하모니카 양 끝부분에 엄지 첫마디를 악기와 대각선이 되도록 가볍게 올려놓습니다.

2. 검지의 한마디 반 정도를 위쪽 커버에 얹은 후 중지 두 번째 마디까지를 하모니카 뒤쪽에 받쳐주면 됩니다.

3. 악기는 저음이 왼쪽, 고음이 오른쪽이 되도록 합니다.

4. 악기의 위치는 수평보다 약 10도 아래로 향하게 하여 연주합니다.

5. 허리는 구부리지 않고 똑바로 폅니다.

6. 얼굴은 항상 정면을 향하고 하모니카를 밀거나 당겨서 소리를 냅니다. 입술이 악기를 따라가면 안됩니다.

7. 어깨는 위로 올라가지 않게 합니다.

8. 양쪽 팔꿈치는 옆구리에 닿지 않도록 달걀 하나 정도 차이로 벌려 줍니다.

9. 호흡은 복식호흡을 하여 아랫배의 힘을 유지하도록 합니다.

하모니카 부는 방법

• 텅잉(Tonguing)

짧은 박자의 동일한 음을 연속적으로 연주할 때에 횡격막과 목구멍을 통한 바람의 세기와 길이를 제어하는 방식으로는 빠른 연주(속주)에 대처하기가 어렵습니다. 이런 경우 혀를 사용하는 Articulation의 한 방법인 텅잉에 의해 음을 내는 강도와 길이를 조절할 수 있습니다. 혀를 입천장에 붙였다 떼었다 하는 방식으로 '토-토'나 '타-타' 같은 소리를 내는 느낌으로 바람의 흐름을 끊거나 열어주면 됩니다. 약간 부드러운 표현은 '다-다' 또는 '도-도'와 같은 발음을 하는 느낌으로 하면 됩니다.

> * 싱글 텅잉(Single Tonguing) - 타, 타, 타, 타
>
> * 더블 텅잉(Double Tonguing) - 타다, 타다
>
> * 트리플 텅잉(Triple Tonguing) - 타다다
>
> * 혀가 입천장에 닿지 않고 하는 방법 - 가, 가, 하, 하
>
> * 텅잉에 의해 혀를 사용하는 방법 즉 혀가 입천장에 닿는 느낌으로 하는 방법 - 토-토-토, 도-도-도
>
> * 아주 빠른 곡은 혀를 굴리는 느낌으로 - 다라라, 다라라

• 퍼커(Pucker) 주법

입술 모양을 '오' 또는 '우' 모양으로 만들어 휘파람을 불 때처럼 입을 오므려서 세 칸 정도 물고 불면 양쪽은 마시는 음이기 때문에 부는 음 '도' 소리가 납니다.

> *주의: 얼굴은 움직이지 말고 하모니카를 움직여서 소리를 내야 합니다.

• 텅 블럭(Tongue Block) 주법

혀와 입술을 모두 사용하며 입술의 폭을 넓게 하여 하모니카의 여러 구멍을 문 다음 혀를 사용하여 필요하지 않은 구멍을 막아서 필요한 음만을 내는 경우를 말합니다.

텅 블럭 주법을 완전히 익혀야 베이스 주법이나 화음 주법, 분산화음 주법을 할 수가 있습니다.

> *텅 블럭으로 연주하면서 혀를 박자에 맞게 떼었다 붙이면 3홀 베이스, 5홀 베이스, 옥타브 베이스, 분산화음 베이스가 됩니다.
>
> *혀로 어느 구멍을 얼마만큼 어떻게 막느냐와 어떻게 얼마만큼 열고 부느냐에 따라서 3홀, 5홀, 7홀, 9홀, 분산화음이 됩니다.

가나시이 사케

이시모토 미유끼 작사 / 고가 마사오 작곡
미조라 히바리 노래

히바리 / **A#** / 나훈아 / **G**

일본가요풍으로

가을우체국 앞에서

김현성 작사, 작곡
윤도현 노래

Slow Go Go

원키 / **G**

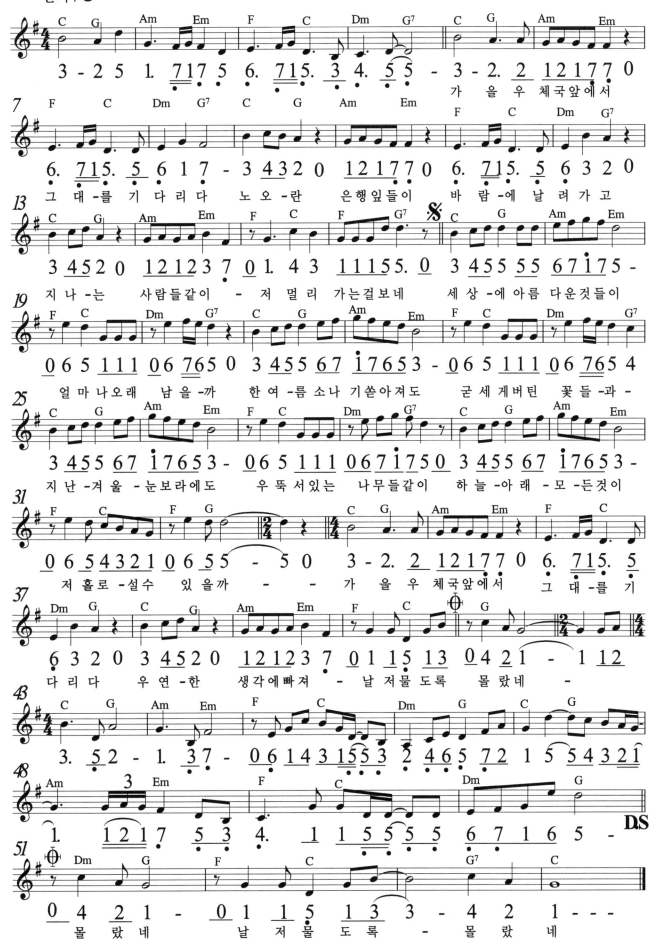

가을비 우산속

이두형 작사 / 백태기 작곡
최헌 노래

노래 / **G#** / 반주 / **G**

Slow GoGo

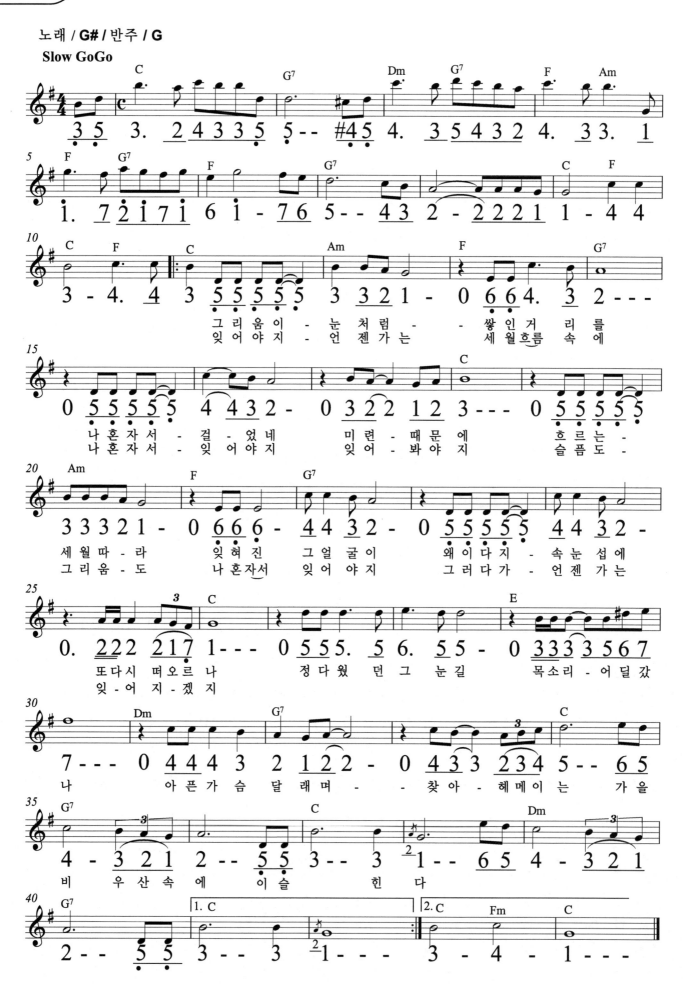

가을은 참 예쁘다

박강수 노래

노래 / E
Waltz

감사해요

신현배 작사, 작곡, 노래
신현배 노래

거룩한 성 The Holy City

Stephen Adams 작곡

고향설

김다원 작사 / 이봉룡 작곡
백년설 노래

노래 / 반주 / **Dm(F)**

Trot

009 고향역

임종수 작사, 작곡
나훈아 노래

Go Go

구꼬 (공항)

야마가미 미찌오 작사 / 이마타 고쇼 작곡
테레사 텐 노래

노래 / **G**
일본가요풍

구름 나그네

서유석 작사 / 안치행 작곡
최헌 노래

구월의 노래

이희우 작사 / 길옥윤 작곡
패티김 노래

노래 / 반주 / A# (마이너 곡 이지만)

Very Slow

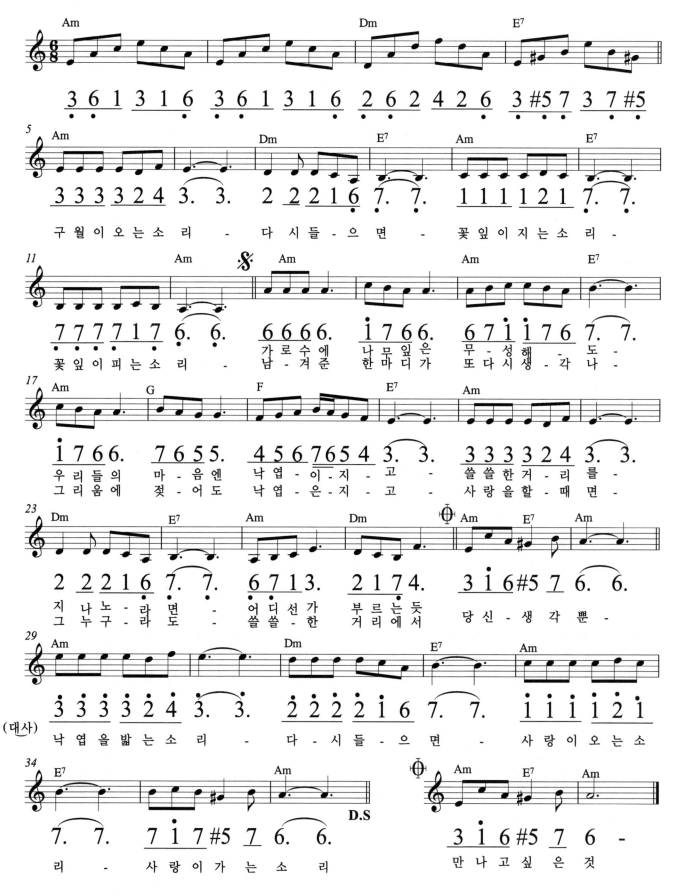

구치나시노 하나 (치자나무꽃)

미즈키 카오루 작사 / 엔도 미노루 작곡
와타루 테스야 노래

일본가요풍으로

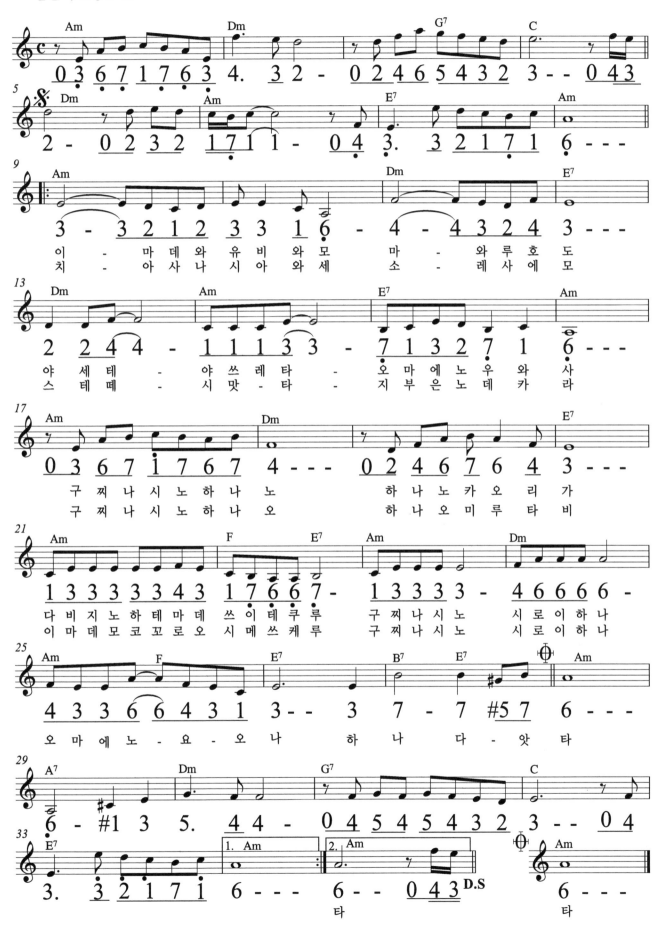

그녀의 웃음소리뿐

이영훈 작사 / 작곡
이문세 노래

015 그대 있음에

김남조 작사 / 김순애 작곡

29

016 그대모습은 장미

강인원, 박건호 작사 / 강인원 작곡
민혜경 노래

그댄 봄비를 무척 좋아하나요

이혜민 작사 / 작곡
배따라기 노래

018 기도

서활 작사 / 작곡
홍삼트리오 노래

노래 / **D#** / 반주 / **E**

Slow Rock

기미토이쓰마데모 (그대와 영원히)
Forever with you

이와타니 도끼꼬 작사 / 하즈미 코사꾸 작곡
카야마 유조 노래

노래 / 반주 / **A**

Slow Rock

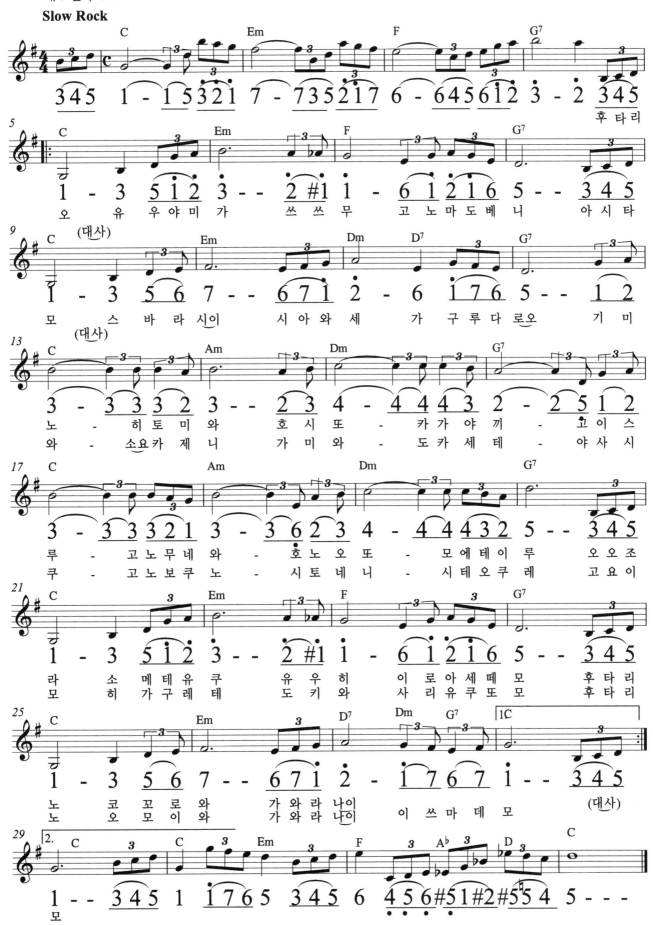

기타노 야도카라 (북쪽의 여인숙에서)

아히사 하시시 작사 / 고바야시 아세이 작곡
미야코 하루미 노래

021 기타쿠니노 하루 (북국의 봄)

이데 하쿠 작사 / 엔도 미노루 작곡
센 마사오 / 노래

센 마사오 / B / 나훈아 / A#

일본노래풍

5655 -- 5655 35656123 5-- 3212 3--- 2-- 2165

6 --- 5. 3 5 1 2 3. 2 3 5 - 2. 2 2 1 6 1 ---

0 3333 - 2332 1 65 3. 2111 6 5-- 0 61. 16. 1 2165

시 라 카 바　아 오 조 - 라 미 - 나 - 미 - 카 - 제　코 부 시 사쿠 아 노 오 카
유 끼 도 케　세 세 라 - 기 마 루 - 키 - 바 - 시　가 라 마 쓰 노 메 가 후 쿠
야 마 부 키　아 사 기 - 리 스 - 이 - 샤 - 고 - 야　와 라 베 우 타 끼 꼬 에 루

35. 56. 5 1 2 35. 51. 6. 53. 2 1-- 0 2. 55 3532 11 23 5

기 타 구 니 노 아 아 기 타 구 니 노 - 하 - 루　키 세 쓰 가 - 도 카 이 데 와
기 타 구 니 노 아 아 기 타 구 니 노 - 하 - 루　스 키 다 또 - 오 타 가 이 니
기 타 구 니 노 아 아 기 타 구 니 노 - 하 - 루　아 니 끼 모 - 오 야 지 니 데

3561 2 23. 2--- 1. 23 21 6116 5 33 3. 565 321

와 카 라 나 이 다 로 또　도 도 이 타 - 오 후 쿠 로 노 치 이 사 나 쓰 쓰 -
이 이 다 세 나 이 마 - 마　와 까 레 떼 - 모 오 고 덴 - 아 노 고 와 도 오 시 - 떼
무 구 찌 나 후 타 - 리 가　타 미 니 와 - 사 케 데 - 모 노 은 데 루 다 로 -

2-- 35 5. 6535 6112 3 - 2. 2 23216 1---

미 루
루 카
카　아 노 후 루 사 토 에 가 에 로 카 나 가 에 로 - 카 나

6 - 6 1 2 1 65 5653 5 - 2. 2 2 16 1 --- 1

루 카　　　　　　　　　　　　　　　　　　　　　　　　나
카

D.S

1 --- 5. 3 5 1 2 3. 2 3 5 - 2. 2 2 1 6 1 ---

나

긴자노코이노 모노가타리
(긴자의 사랑 이야기)

오다카 히사오 작사 / 대끼기 하지메 작곡
이시하라 유지로 /
마끼무라 준꼬 노래

노래 / C#
일본가요풍

꽃 중의 꽃

서일수 작사 / 황문평 작곡
원방현. 송민도 노래

노래 / 반주 / G

024 꽃잎 사랑

박현주 작사 / 신재동 작곡
최석준 노래

노래 / 반주 / **C**

Disco

C
1. 6 6 6 5 1 3 0 6 6 5 2 3 1. 6 6 6 5 1 3 0 6 6 5 2 3

C　　　　　　　　G7　　　　　　　Am　　　D7
1 - - 5 6 1 6 2 3 2 2 5 6 1 2 3 3 2 3 2 1 6

G7　　　　　　　　F　　　　　　　G7
5 5 6 5 5 6 5 3 2 1 6 6 5 6 1 1 0 2 2 1 3 2·

C　　　　　　　G7　　　　　C
0 3 2 3 2 1 6 5 5. 6 1 2 6 6 - - 0 0 1 6 5 6 5 3 3 2 1

C　　　　　　　　　　　　　　　　Am
5 - - 5 5 - 0 - 0 3 5 6 1 1 6 5 6 - 0 -
꽃 잎 이　　　　떨 어 진 - 다 - 고

C　　　　　　　　　　　　G7
0 0 3 3 5 6 0 1 3 3 2 1 2 - - - 0 5 6 5 6 1 2
향 - 기 가　 없 어 - 지 나 요

C　　　Caug　　　F　　　　　G7
1 - - 1 - 2 3 0 2 1 1 2 1 1 6 5 - 0 -
세 월 이 - - 흘 러 간 - 다 고

C　　　　　　Am　G7　　C
0 0 6 6 5 3 0 6 5 3 3 2 1 - - 0 0 5 6 1 2 3 5 6
당 - 신 을　 잊 을 수 있 - 나

C　　　　　　　　　　　Am　　G7
1 - - 1 1 1 1 2 1 6 5 0 0 3 3 2 1 5 - 0 -
하 늘 저 - 멀 리　 흘 - 러 가 는

38

나는 행복한 사람

오동식 작사 / 작곡
이문세 노래

나를두고 아리랑

김중신 작사 / 작곡
김훈 노래

노래 / 반주 / **G**

027 나뭇잎 사이로

조동진 작사 / 작곡
조동진 노래

원곡 / 반주 / **D**

8비트

나 뭇 잎 사 이 로 파 란 가 로 등
지 붕 들 사 이 로 좁 다 란 하 는

그 붉 빛 아 래 로 너 의 야 윈 얼 굴
그 하 늘 아 래 로 사 람 들 물 결

여 름 은 벌 써 가 버 렸 나 거 리 엔 어 느 새 서 늘 한 바 람 계 절 은 이 렇 게
어 름 은 벌 써 밀 려 왔 나 거 리 엔 어 느 새 정 다 운 불 빛 그 빛 은 언 제 나

쉽 게 오 가 는 데 우 린 또 얼 마 나 어 렵 게
눈 앞 에 있 는 데 우 린 또 얼 마 나 먼 길 을

사 랑 해 야 하 는 지
돌 아 가 야 하 는 지

나 뭇 잎 사 이 로 여 린 별 하 나
나 뭇 잎 사 이 로 파 란 가 로 등

그 별 빛 아 래 로 너 의 작 은 꿈 이
그 불 빛 아 래 로 너 의 야 윈 얼 굴

D.S
F.O

42

낙엽은 지는데

김양화 작사 / 임석호 / 작곡
조영남 노래

노래 / G 반주 / A

Slow Rock

029 난 아직 사랑을 몰라

지명길 작사 / 유현상 / 작곡
문근영 노래

030 내게 남은 사랑을 드릴께요

함경훈 작사 / 하광훈 / 작곡
김정은 노래

노래 / G#

Moderato

031 내사랑 그대여

정의송 작사 / 작곡
김용임 노래

노래 / C# / 반주 / B

Fox Trot

032 닐리리 맘보

탁소연 작사 / 나화랑 / 작곡
김정애 노래

033 님아

신중현 작사 / 작곡
펄씨스터즈 노래

노래 / D / 반주 / C
Medium Beat

48

단나사마 (남편)

도리 미노루 작사 / 오까 센슈 작곡
미부네 가즈꼬 노래

노래 / C
일본가요풍

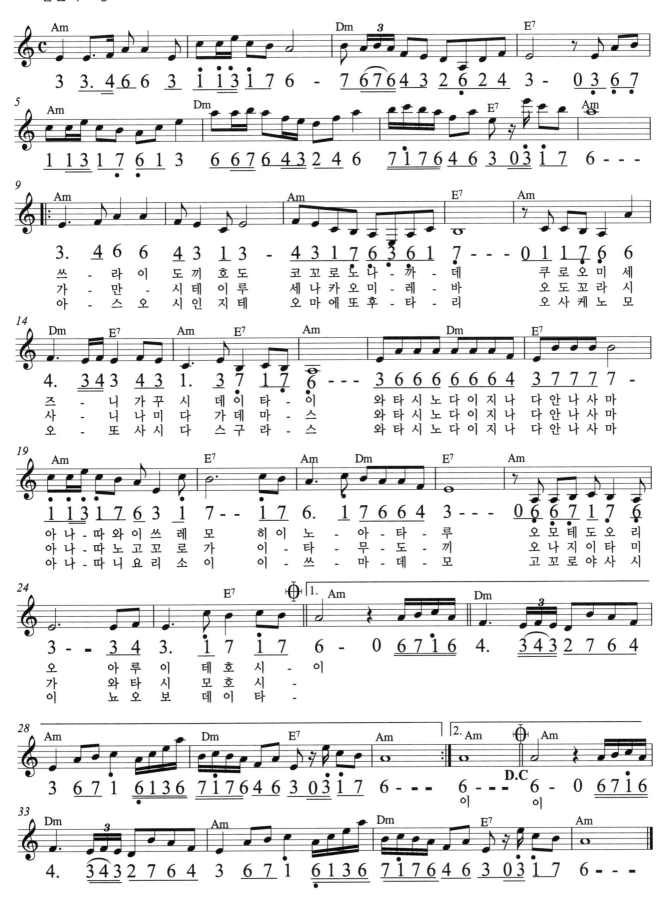

달무리

김주명 작사 / 안치행 작곡
영사운드 노래

당신 (배호)

전우 작사 / 나규호 작곡
배호 노래

노래 / **E** / 반주 / **D#**

037 당신만을 사랑해

길옥윤 작사 / 작곡
혜은이 노래

반주 / A#
원 Key / C

당신은 몰라

강찬호 작사 / 김홍탁 작곡
최헌 노래

노래 / F / 반주 / G

Slow Go Go

039 당신의 의미

나훈아 작사 / 작곡
이자연 노래

노래 / **C#** / 반주 / **D**

Suffle

040 대 탈주 마치

Elmer Bernstein 작곡

March Tempo

도나 도나 (2 중주)

S. Secunda 작곡

보통속도로

도마리 기 (왜)

다끼노 에이지 작사 / 작곡
고바야시 사찌꼬 노래

사찌코 노래 / C
일본가요풍

도미니크 (2중주)

S. Sourire 작곡

3절 까지 하고 Fine 에서마침

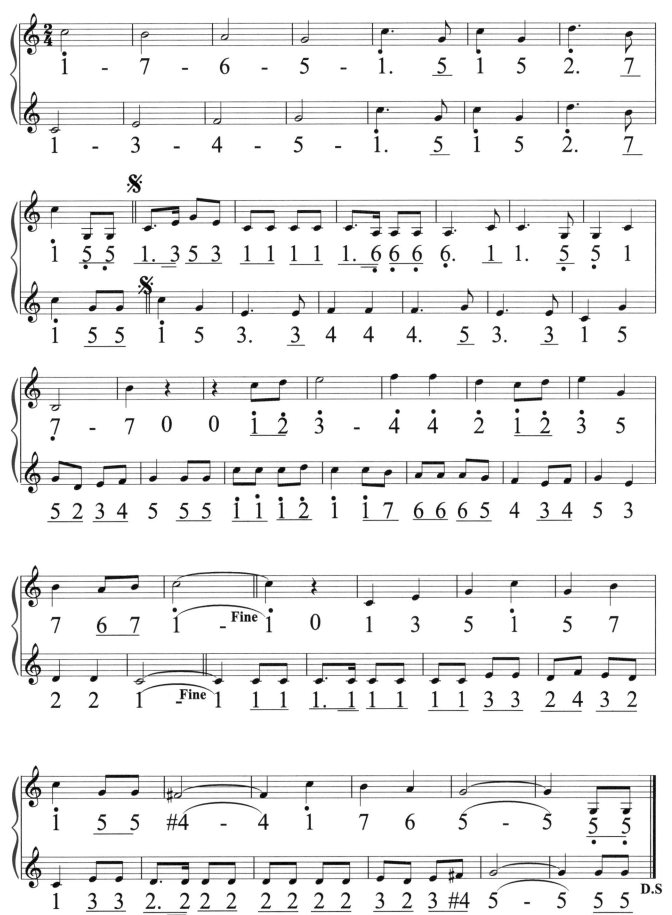

도쿄 나이트 크럽

사헤키 다카오 작사 / 요시다 타다시 작곡
후랑크 나가이 / 마쓰오 가즈코 노래

노래 / A#

Slow Beguine

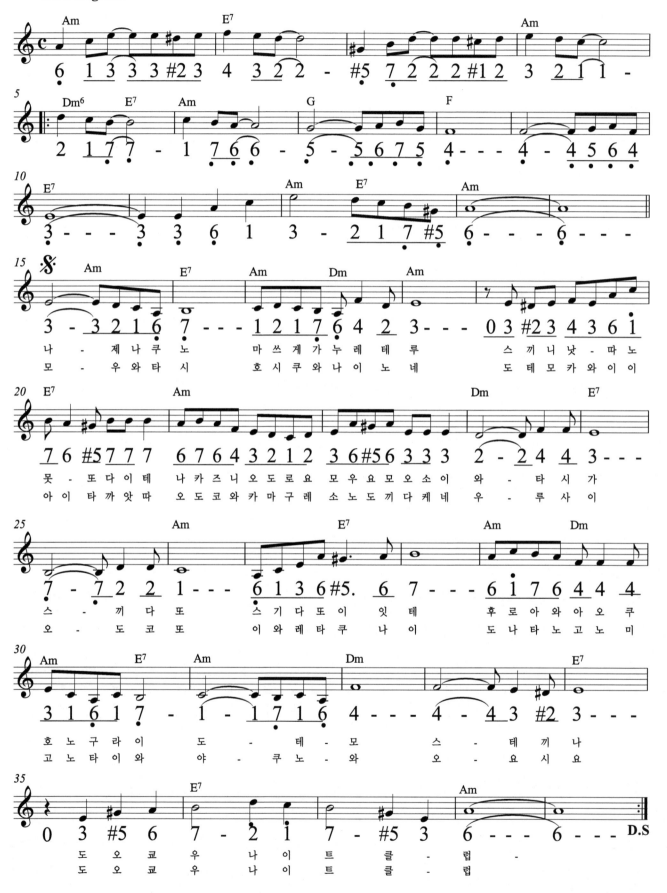

045 들국화 여인

정은이 작사 / 남국인 작곡
현철 노래

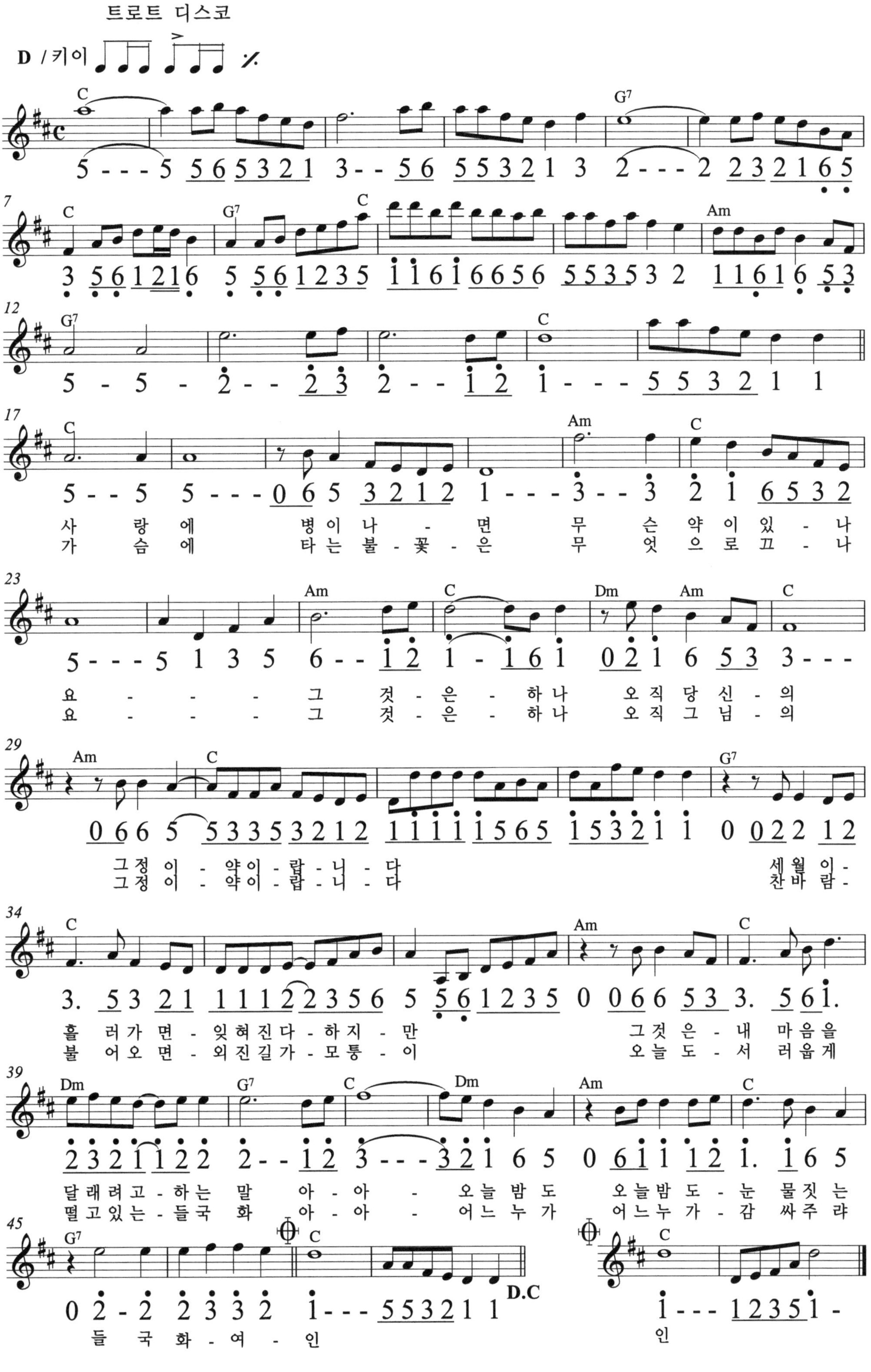

둥지

김동찬 작사 / 차태일 작곡
남진 노래

노래 / 반주 / **G#(Fm)**

Medium

라 쿰파르시타

G . H . Rodriguez -Composer

럭키모닝

유광주 작사 / 전오승 작곡
박재란 노래

노 래 / **G#** / 반주(금영) / **G**

Fox Trot 3절 까지 있음

라라라

안영민 작사 / 조영수 작곡
SG 워너비 노래

만약에

김진룡 작사 / 작곡
조항조 노래

노래 / 반주 / **G (Em)**

Moderato

맨발의 청춘

유호 작사 / 이봉조 작곡
최희준 노래

노래 / F 혹은 E

Swing

Am / E7 / Am

0. 3 1. 6 3 -   0. 3 7. #5 3 -   3. 2 1. 1 7 1. 3 6. 6 1. 6 3 -

Am / Dm / E

3 1. 7 6. 3 1. 6   3 1. 7 6. 3 1. 6   2 3. 4 3. 2 1. 2   3 2. 3 1. 3 7. 3

눈 물 - 도 - 한 숨 도 - 나 혼 자 씹 어 삼 키 며
외 롭 - 고 - 슬 프 면 - 하 늘 만 바 라 보 면 서

Dm / Am / E7 / Am / E7

2 3. 4 3. 2 2   1 2. 3 2. 1 1   0. 7 1. 2 1. 6   3 3. 3 7. 3 #2. 3 3

밤 거 리 의 - 뒷 골 목 을 - 누 비 고 다 녀 도
맨 - 발 로 - 걸 어 - 왔 네 - 사 나 이 험 한 길

Am / Am / Dm / E7

3 1. 7 6. 3 1. 6   3 1. 7 6. 3 1. 6   0. 2 3. 4 3 7   3 3 2. 3 1. 3 7. 3

사 랑 만 은 단 하 나 의 목 숨 을 걸 었 다
상 처 뿐 인 - 이 가 슴 을 - - 나 홀 로 달 랬 네

Am / C / F / E7 / Am

6 5 6 6 - 3.   2 1 4 0 3 4 3   #5 6 5. 3 5. 6 6

거 리 의 - 자 식 이 라 욕 하 지 말 라
내 버 린 - 자 식 이 라 비 웃 지 말 라

Bdim / Dm / Am / Am / E7

7. 2 4 - 3 1. 7 6 -   0 6 7 1 6. 3   3. 3 7. 3 7. 3 3

그 대 를 태 양 처 럼 우 러 러 보 는
내 생 전 처 음 으 로 바 친 순 정 을

Am / Dm / E7 / Am

6 1. 7 6 - 4.   3 2 4   3. 2 1. 6 7   1. 3 6. 6 5. 3 5. 6 6

D.C

사 나 - 이 이 가 슴 을 알 아 줄 날 있 으 리 라
머 나 - 먼 천 국 에 서 그 대 옆 에 피 어 나 리

멍에

추세호 작사 / 작곡
김수희 노래

노래 / 반주 / **A#(Gm)**

Slow Go Go

053 무정한 밤배

김령인 작사 / 홍현걸 작곡
패티김 노래

물안개

석미경 작사 / 작곡
석미경 노래

노래 / 반주 / C

8Beat

미워도 다시한번

김진경 작사 / 이재현 작곡
남진 노래

노래 / 반주 / F

Slow

미워요

심수봉 작사 / 작곡
심수봉 노래

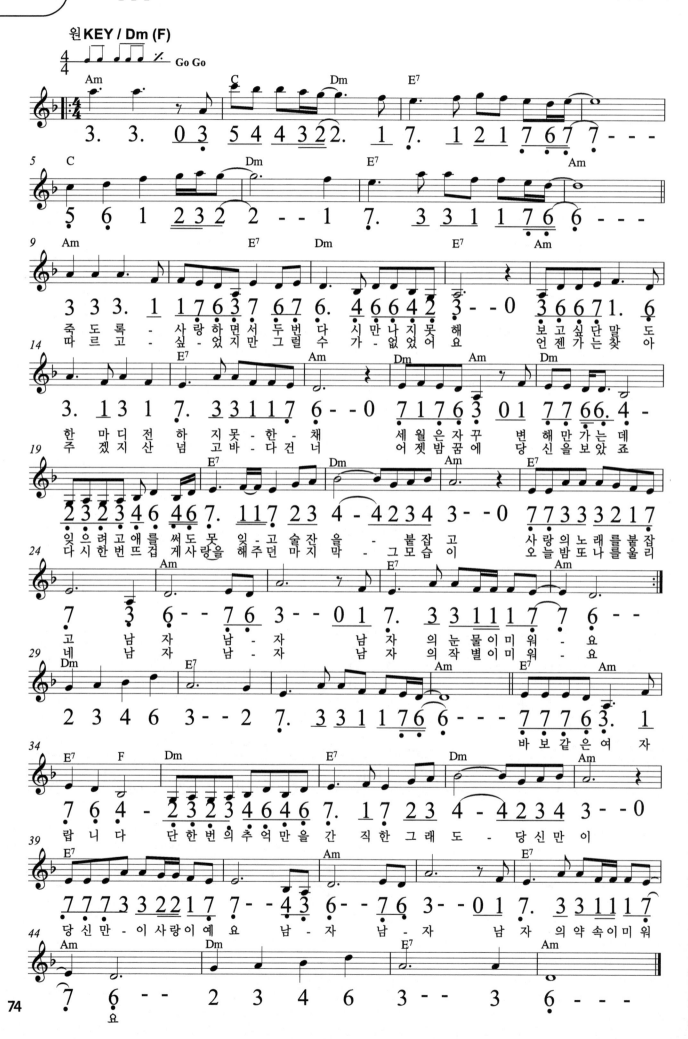

미치즈레 (동반자, 동행)

미즈키 카오루 작사 / 엔도 미노루 작곡
마끼무라 미에코 노래

권선희 / 노래 / **D**

일본가요풍

민들레 홀씨 되어

김정신 작사 / 작곡
박미경 노래

노래 / 반주 / C

Slow Go Go

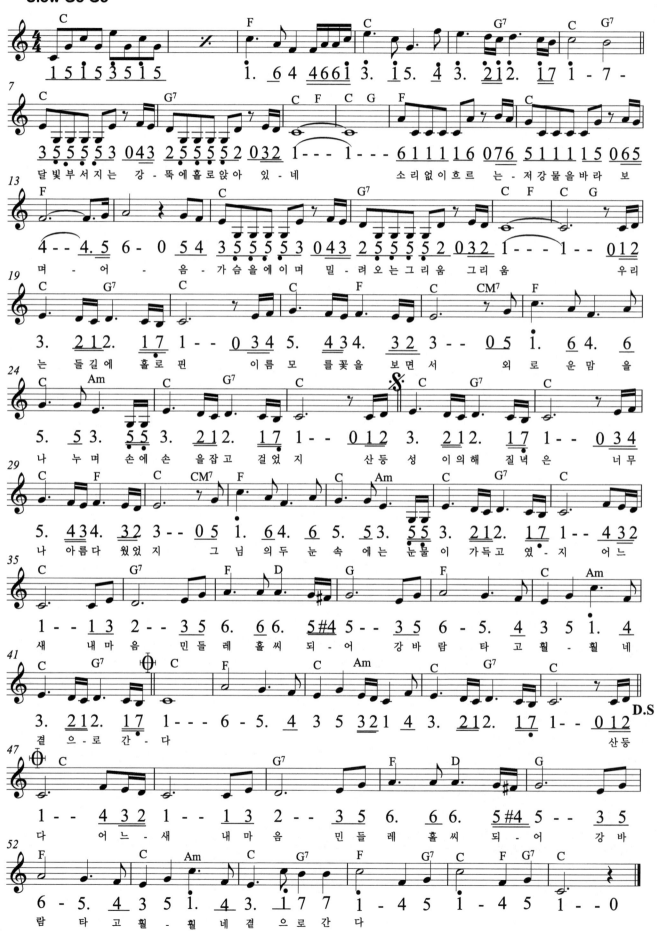

밀짚 모자 목장 아가씨

전우 작사 / 박춘석 작곡
박재란 노래

노래 / **G** / 반주 / **F**

바다의 여인

백순진 작사 / 작곡
사월과오월 노래

노래 / D# / 반주 / F

Slow Go Go (반주 위주의곡)

바람 바람 바람

김범룡 작사 / 작곡
김범룡 노래

노래 / A / 반주 / G#

Slow Disco

바람의 소원

김석근 작사 / 송광수 작곡
채희 노래

노래 / 연주 / G

Slow Go Go

063 바람이 분다

박강수 작사 / 작곡
박강수 노래

064 바람이 불어오는 곳

김광석 작사 / 작곡
김광석 노래

반주 / **F#** / 원**KEY** / **F**

065 바램

김종환 작사 / 작곡
노사연 노래

노래 / **F#** / 반주 / **G**

Slow Go Go

바보

윤형주 작사 / 작곡
윤형주 노래

067 바보처럼 울었다

한산도 작사 / 작곡
진송남 노래

노래 / G# (Fm) / 반주 / A# (Gm)

Trot

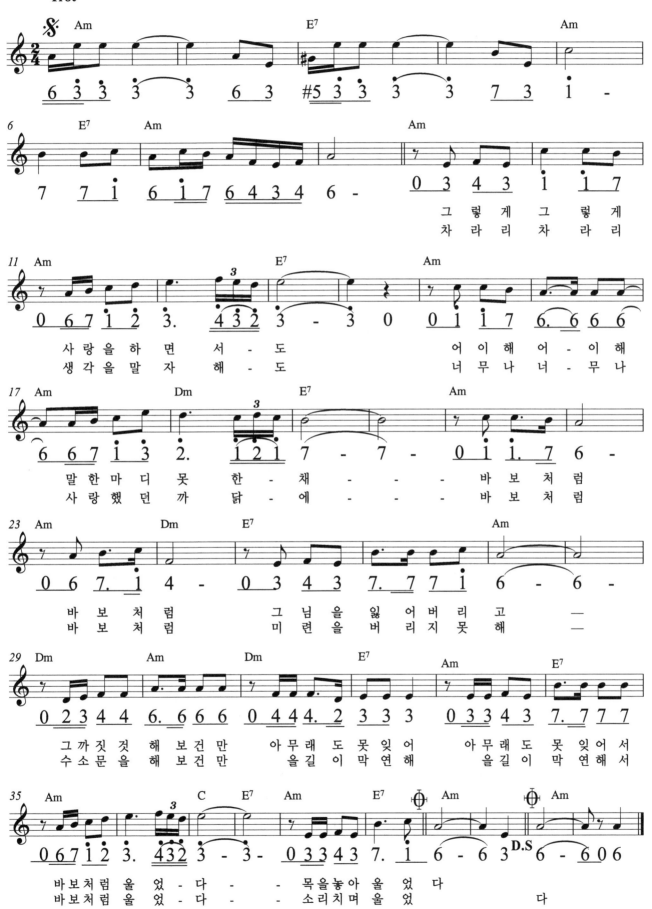

그렇게 그 렇게
차라리 차 라리

사 랑을 하면 서 도　어이해 어 - 이해
생 각을 말자 해 도　너무나 너 - 무나

말 한마 디 못 한 - 채 - - - 바보 처럼
사 랑했던 까 닭 - 에 - - - 바보 처럼

바보 처럼　그 님을 잃 어버리 고 ——
바보 처럼　미 련을 버 리지못 해 ——

그 까짓 것 해 보건만　아무래 도 못잊어　아무래 도 못잊어서
수 소문을 해 보건만　을길이 막연해　을길이 막연해서

바보처럼 울 었 - 다 - - 목을놓아 울 었 다
바보처럼 울 었 - 다 - - 소리치며 울 었　　다

85

밤이면 밤마다

김정택 작사 / 작곡
인순이 노래

방랑자

박인희 작사 / 작곡
박인희 노래

원key / AM 와 A

배신자

이인섭 작사 / 김광빈 작곡
배호 노래

노래 / **D#** / 반주 / **D**

071 보약같은 친구

진시몬 작사 / 작곡
진시몬 노래

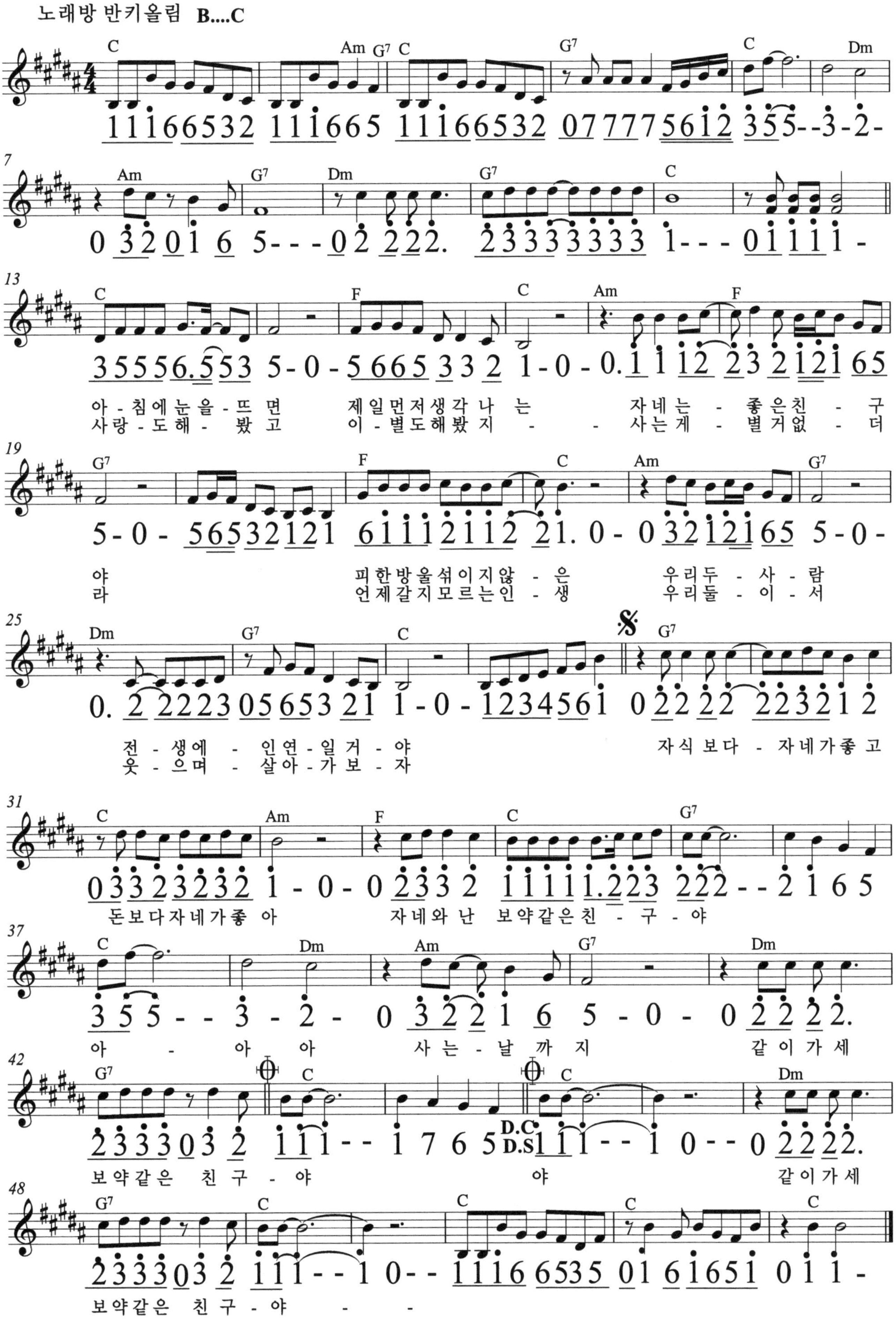
노래방 반키올림 B....C
아 - 침 에 눈 을 - 뜨 면 제 일 먼 저 생 각 나 는 자 네 는 - 좋 은 친 - 구
사 랑 - 도 해 - 봤 고 이 - 별 도 해 봤 지 - - 사 는 게 - 별 거 없 - 더
야 피 한 방 울 섞 이 지 않 - 은 우 리 두 - 사 - 람
라 언 제 갈 지 모 르 는 인 - 생 우 리 둘 - 이 - 서
전 - 생 에 - 인 연 - 일 거 - 야 자 식 보 다 - 자 네 가 좋 고
웃 - 으 며 - 살 아 - 가 보 - 자
돈 보 다 자 네 가 좋 아 자 네 와 난 보 약 같 은 친 - 구 - 야
아 - 아 아 사 는 - 날 까 지 같 이 가 세
D.C
D.S
보 약 같 은 친 구 - 야 야 같 이 가 세
보 약 같 은 친 구 - 야 - -

부루 라이토 요코하마
(파란 불빛의 요코하마)

하시모토 마꼬도 작사 / 쓰쓰미 쿄헤이 작곡
이시다 아유미 노래

노래 / E

일본가요풍

부베의 연인

C. 러스티첼리 작곡

연주 / F(Dm)

부산 갈매기

김중순 작사 / 작곡
김중순 노래

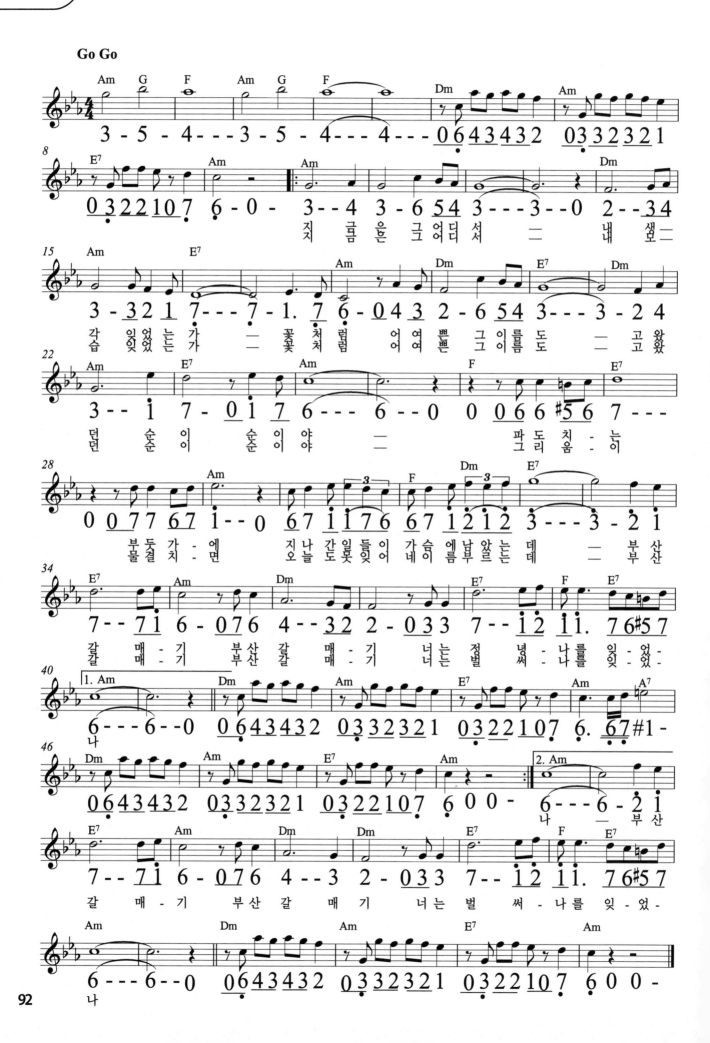

불나비

김강섭 작사 / 작곡
김상국 노래

노래 / **G#** / 반주 / **F**

Slow Rock

붉은 노을

이영훈 작사 / 작곡
이문세 노래

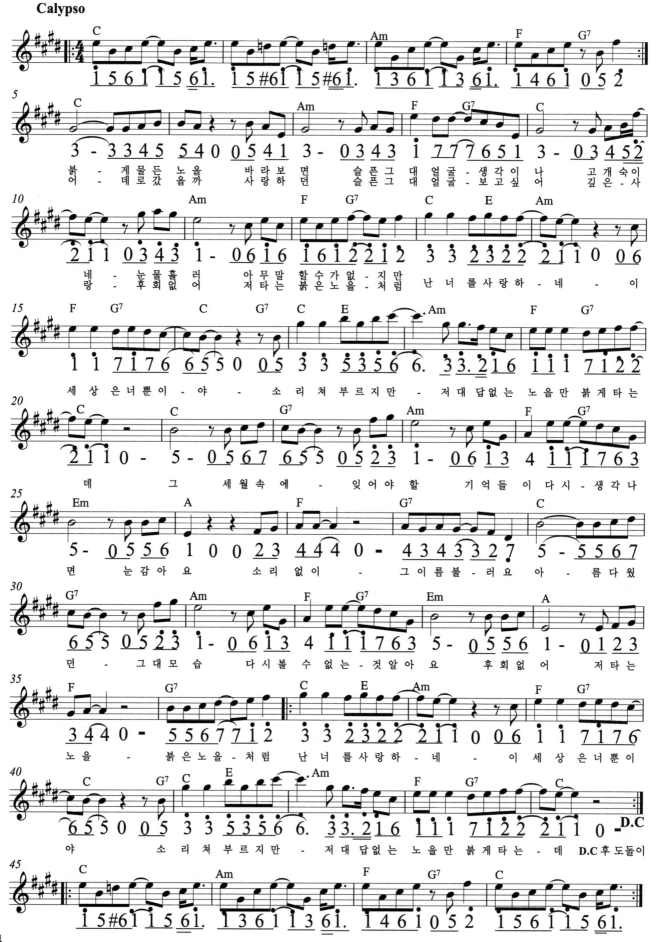

브람스의 왈츠

Waltz

3.　1 1 3　3.　1 1 3　4 5 4 3　2　3.　1 1 5　6.　3 3 5

6.　3 3 5　7 6 5 #4　5.　1 1 3　3.　1 1 3　3.　1 1 3　4 5 4 3　2

3.　1 1 5　6.　3 3 5　6.　3 3 5　7 6 5 #4　5.　3 3 5　5.　2 2 5　5.　3 3 5

i.　5 5 i　i.　6 6 i　2.　6 6 i　i 7 6　5　3.　1 1 3

3.　1 1 3　4 5 4 3　2　3.　1 1 5　6.　3 3 5　6.　3 3 5

i 5 4　2　1.　3 3 5　5.　2 2 5　5.　3 3 5　i.　5 5 i

i.　6 6 i　2.　6 6 i　i 7 6　5　3.　1 1 3　3.　1 1 3

4 5 4 3　2　3.　1 1 5　6.　3 3 5　6.　3 3 5　i 5 4 5 4 2　3 2　1 - 0

비련

조용필 작사 / 작곡
조용필 노래

원곡 / 반주 / **C**

SLOW GO GO

079 비의 나그네

이장희 작사 / 작곡
송창식 노래

노래 / Bm(D) B
Slow Go Go

빗속을 둘이서

김정호 작사 / 작곡
투에이스 노래

노래 / 반주 / **G#**

Slow Go Go

빙점

한산도 작사 / 백영호 작곡
이미자 노래

노래 / **C** / 반주 / **A#**

빨간 구두 아가씨

하중희 작사 / 김인배 작곡
남일해 노래

사나이 눈물

나훈아 작사 / 작곡
나훈아 노래

노래 / 반주 / F

Slow Go Go

사랑 TWO

이경희 작사 / 임준철 작곡
윤도현 노래

노래 / 반주 / D

사랑 안해

차은택 작사 / 박근태 작곡
백지영 노래

노래 / 반주 / **G**

Ballad

사랑

유한철 작사 / 황문평 작곡
김하정 노래

노래 / 연주 / A#

Slow Rock

087 사랑도 미움도

조남사 작사 / 원세휘 작곡
권은경 노래

노래 / **C** / 반주 / **A#**

Slow Go Go

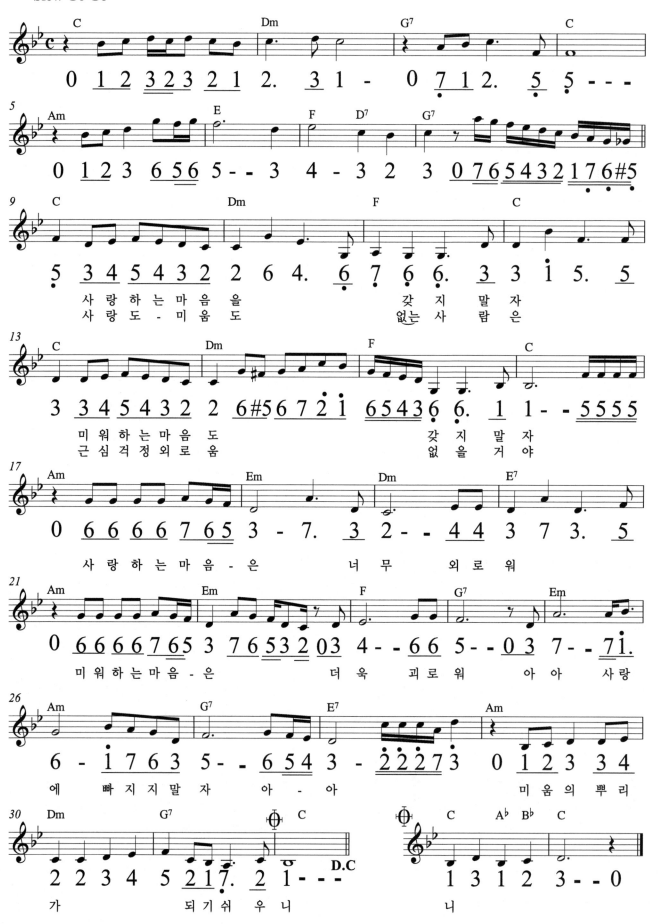

사랑은 계절따라

가람 작사 / 민인설 작곡
박건 노래

노래 / 반주 / **D#**

Slow Rock

사랑은 눈물의 씨앗

남국인 작사 / 김영광 작곡
나훈아 노래

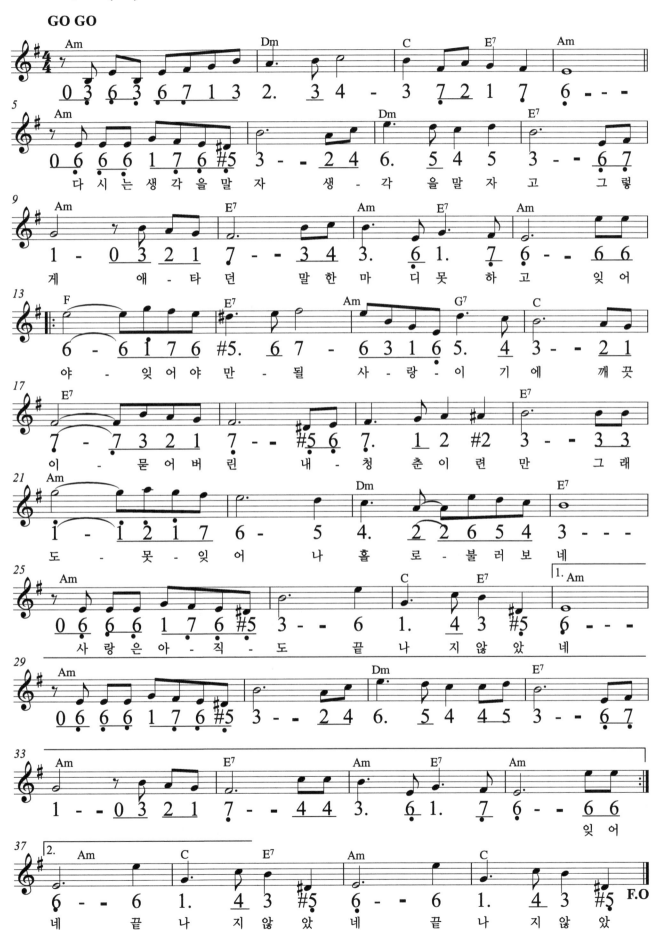

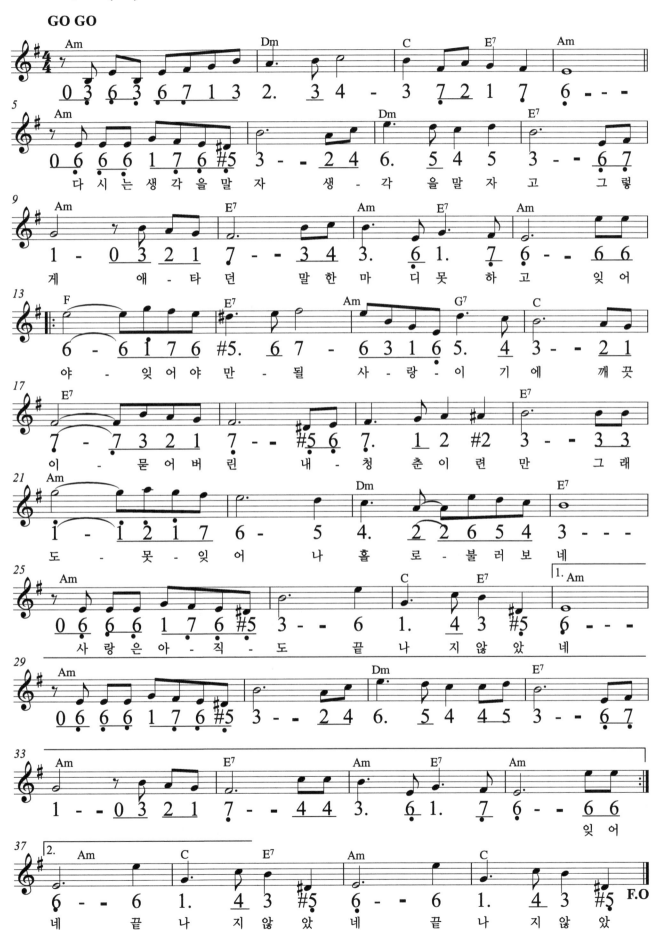

090 사랑은 아직도 끝나지 않았네

오사랑 작사 / 허영철 작곡
조용필 노래

노래 / G (Em)

GO GO

사랑의 밧줄

김상길 작사 / 박성훈 작곡
김용임 노래

노래 / 반주 / **A# (Gm)**

Suffle

밧 줄로꽁 꽁 밧 줄로꽁 꽁 단 단히묶어 라

110

092 사랑의 서약

김광진 작사 / 작곡
한동준 노래

노래 / 반주 / C

Slow Go Go

사랑의 세레나데

길옥윤 작사 / 작곡
패티김 노래

노래 / 반주 / **F**

사랑의 송가

세고천 작사 / 전오승 작곡
한명숙 노래

노래 / G / 반주 / C

095 사랑의 시

이주호 작사 / 작곡
해바라기 노래

노래 / G

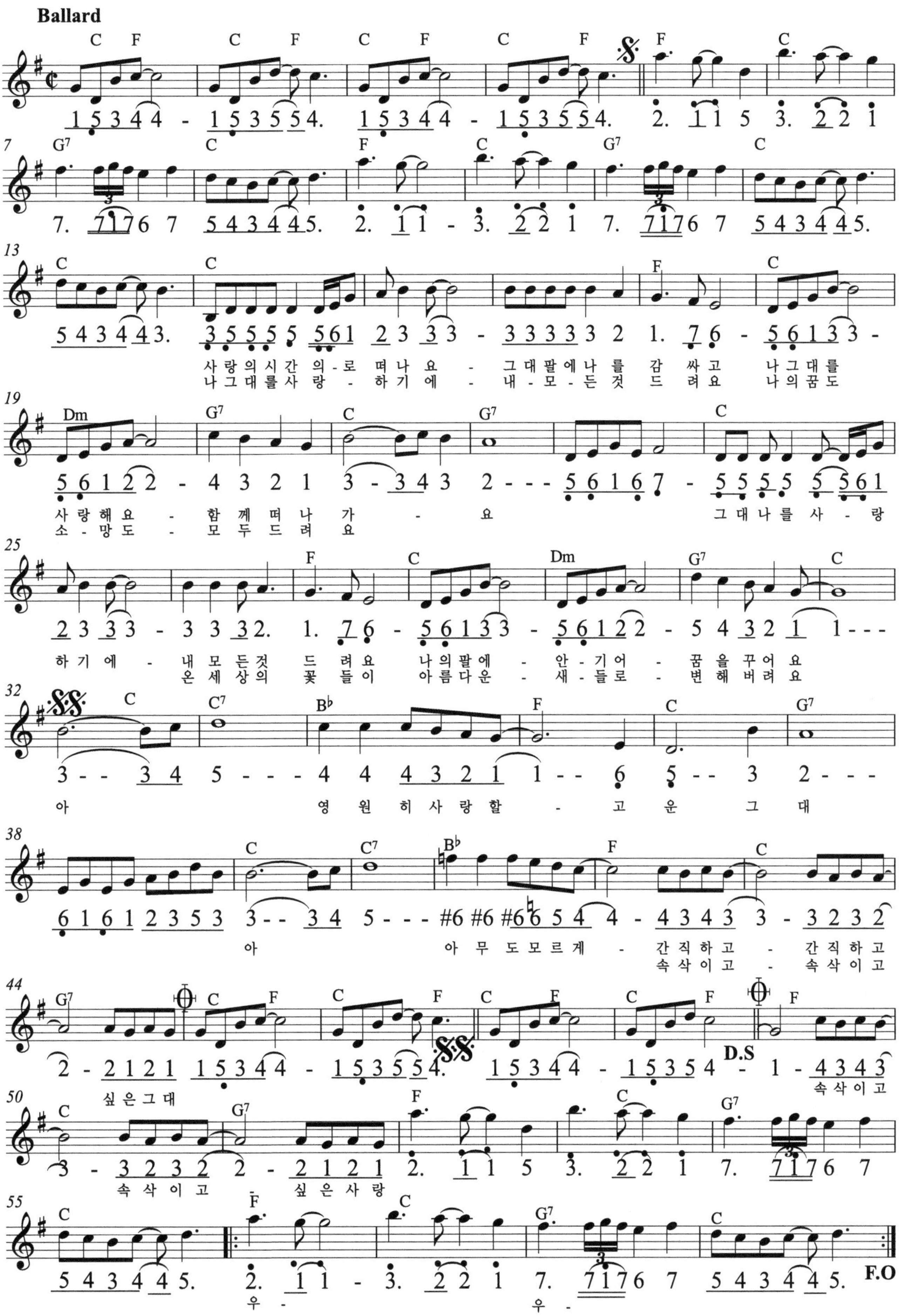

사랑의 재개발

김이나 작사 / 조영수 작곡
유산슬 노래

노래 / 반주 / **C# (A#m)**

빠른 **8 Beat**

097 사랑의 종말

이경재 작사 / 이봉조 작곡
차중락 노래

사랑의 진실

김정호 작사 / 작곡
어니언스 노래

노래 / 반주 / Am(C)

사랑이야

한성숙 작사 / 송창식 작곡
송창식 노래

노래 / D. G (Bm / G)

Slowly

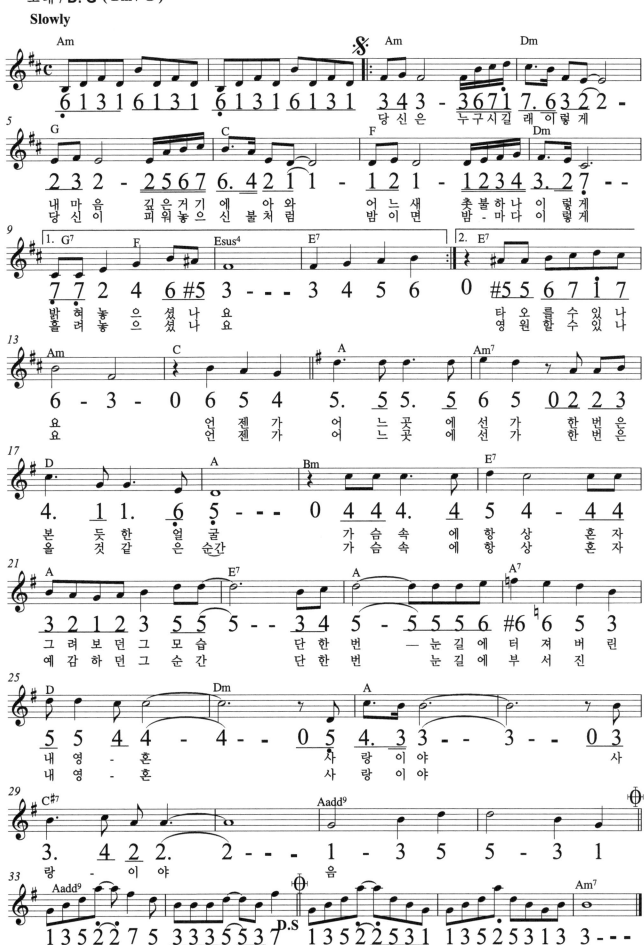

사랑하는 그대에게

남화용 작사 / 작곡
유심초 노래

Slow Go Go

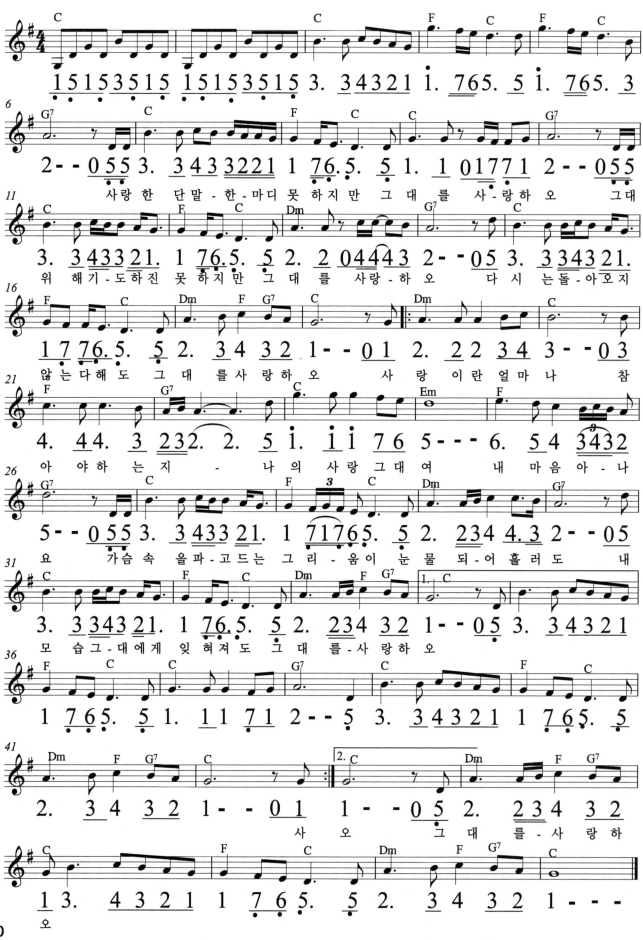

101 사랑하는 이에게

박은옥 작사 / 정태춘 작곡
박은옥 .정태춘 노래

Slow GoGo

원곡 / **G#**

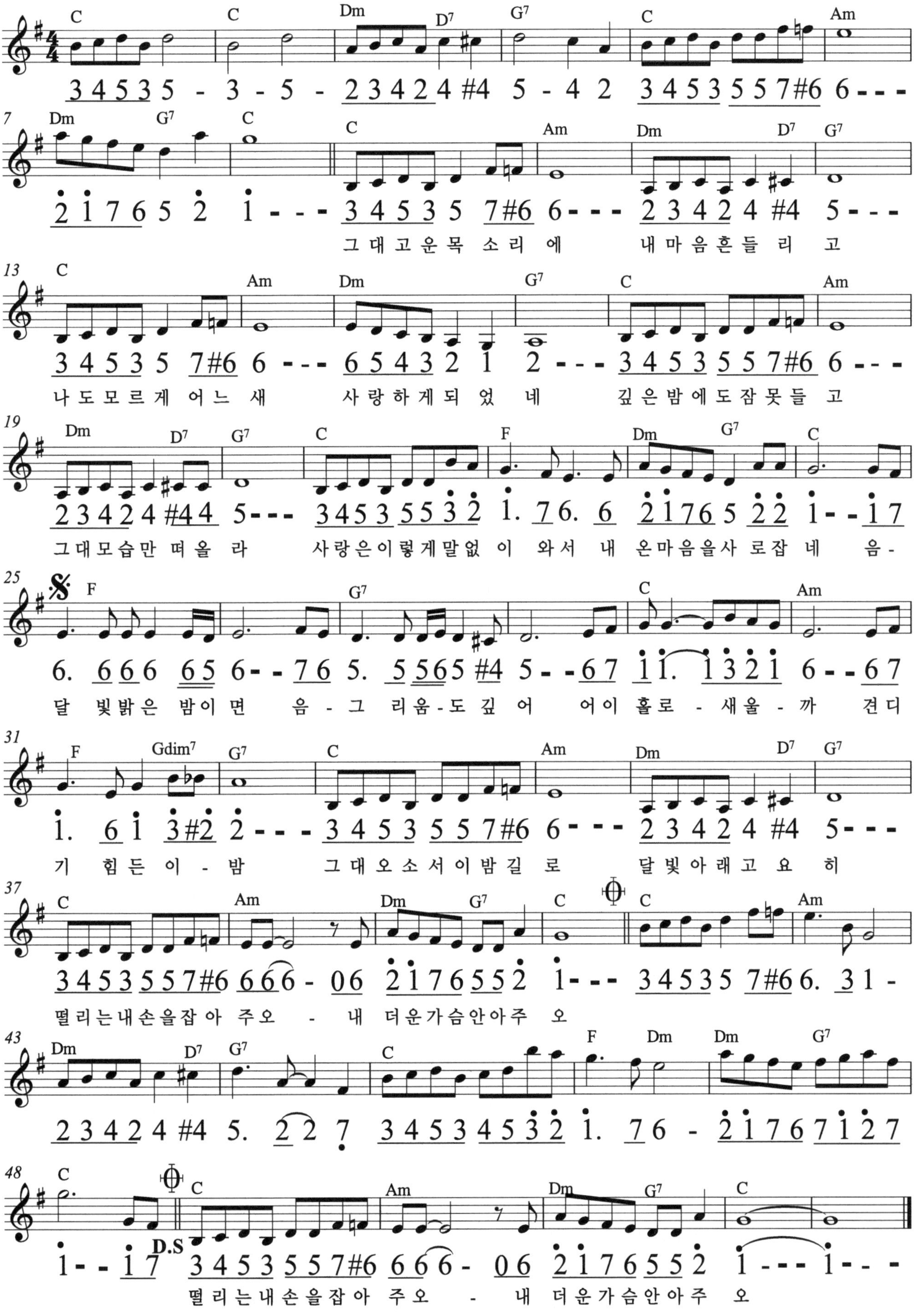

사랑했나봐

전해성 작사 / 작곡
윤도현 노래

노래 / 반주 / **A** (F#m)

사찌꼬

다나카 오사무 작사 / 작곡
닉크 뉴사 노래

닉 뉴사 / **A#(Gm)** / 나훈아 / **A(F#m)**

일본가요 풍

산유화

반야월 작사 / 이재호 작곡
남인수 노래

원곡 / 반주 / **A# / Gm**

산골 소년의 사랑 이야기

예민 작사 / 작곡
예민 노래

살짜기 옵서예

김영수 작사 / 최창권 작곡
패티김 노래

노래 / **C** / 반주 / **A#**

상처

장욱조 작사 / 장경수 작곡
조용필 노래

노래 / 반주 / **F(Dm)**

8Beat

서울의 모정

하중희 작사 / 길옥윤 작곡
패티김 노래

서울의 찬가

길옥윤 작사 / 작곡
패티김 노래

110 석양 (연주곡)

김인배 작곡 / 연주

연주 / **A#**

Slow Rock

선운사

송창식 작사 / 작곡
송창식 노래

노래 / 반주 / **G**
미디움 **8**비트

세월

김중순 작사 / 안치행 작곡
최헌 노래

노래 / 반주 / **G**

Slow Rock

송학사

김태곤 작사 / 작곡
김태곤 노래

노래 / 반주 / C

Slowly

114 스잔나

박현우 작사 / 리칭
박현우 노래

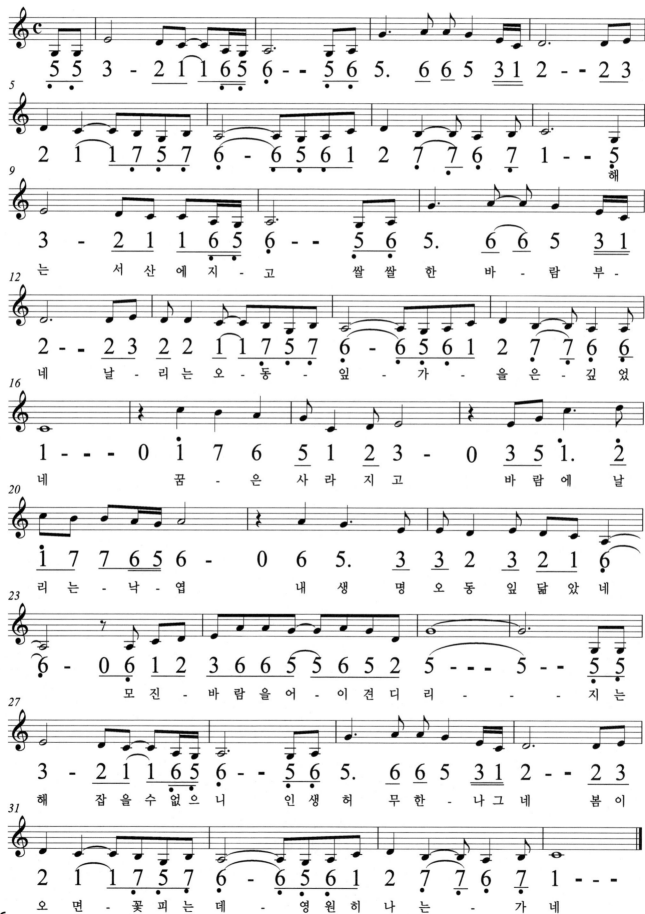

115 시아와세 사가시테 (행복을 찾아서)

다카 다카시 작사 / 기무라 요시오 작곡
고기 히로시 노래

신부에게

이세준 작사 / 박승화 작곡
유리상자 노래

노래 / 반주 / C

8Beat

117 아리랑 목동

강사랑 작사 / 박춘석 작곡

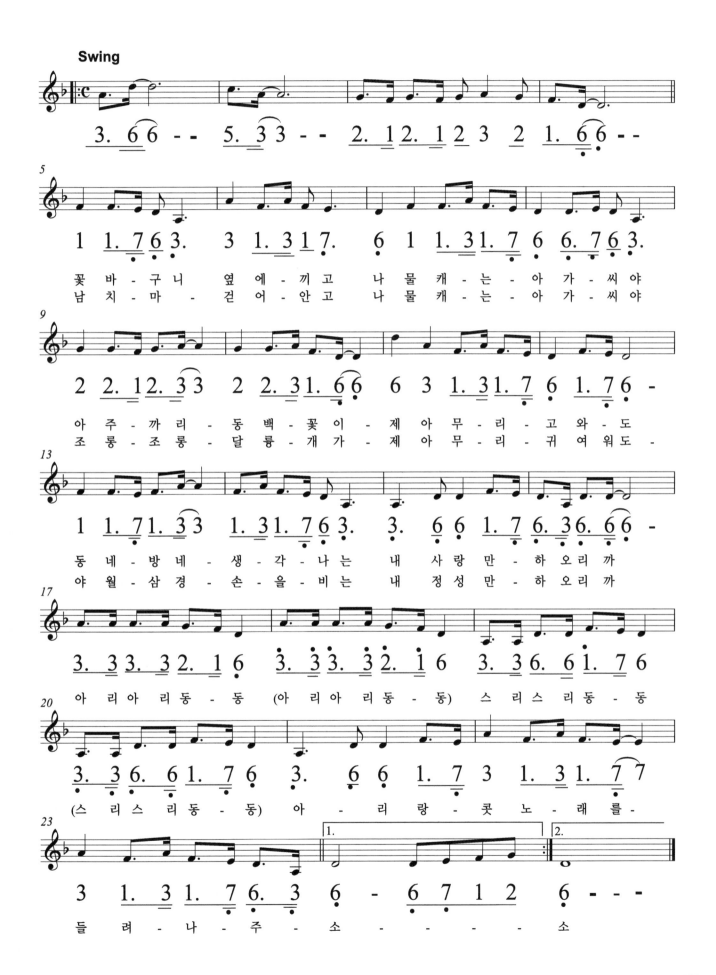

아모르 파티

이건우, 신철 작사 / 윤일상 작곡
김연자 노래

아씨

임희재 작사 / 백영호 작곡
이미자 노래

반주 / G# / 원곡 / A#

아이진 (애인)

아라끼 도요히사 작사 / 미끼 다카시 작곡
테레사 텐 노래

노래 / A#
일본가요풍

아이 처럼

김동률 작사 / 작곡
김동률 노래

노래 / 반주 / **G**

122 아파트

윤수일 작사 / 작곡
윤수일 노래

원곡 / 반주 / A#

빠른 8 비트

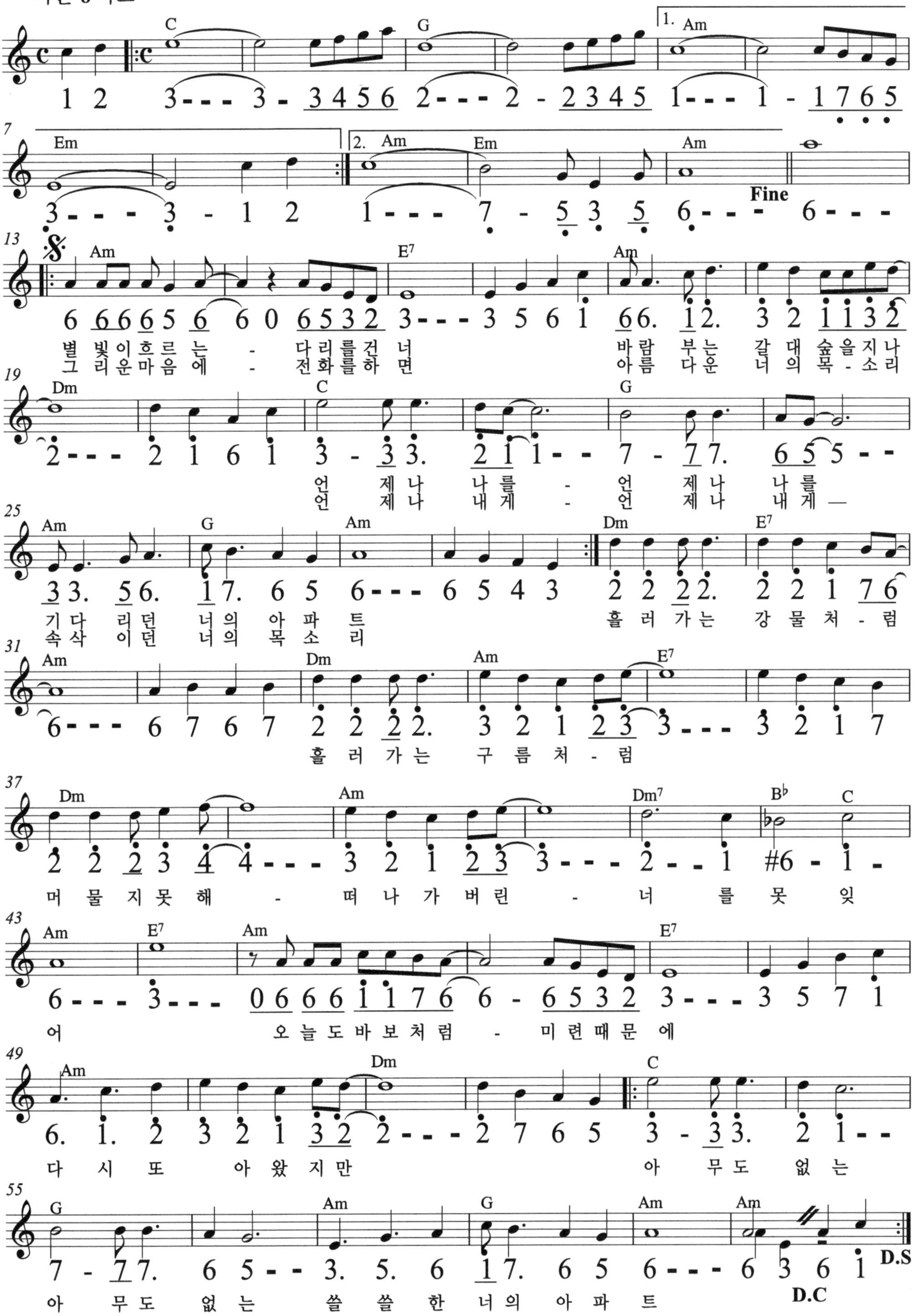

안개 낀 장충단 공원

최치수 작사 / 배상태 작곡
배호 노래

노래 / A# / 반주 / A

Trot

안녕

전우 작사 / 나규호 작곡
배호 노래

노래 / A# / 반주 / G#

알수 없는 인생

김영아 작사 / 윤일상 작곡
이문세 노래

노래 / 반주 / F#m(A)

Moderato

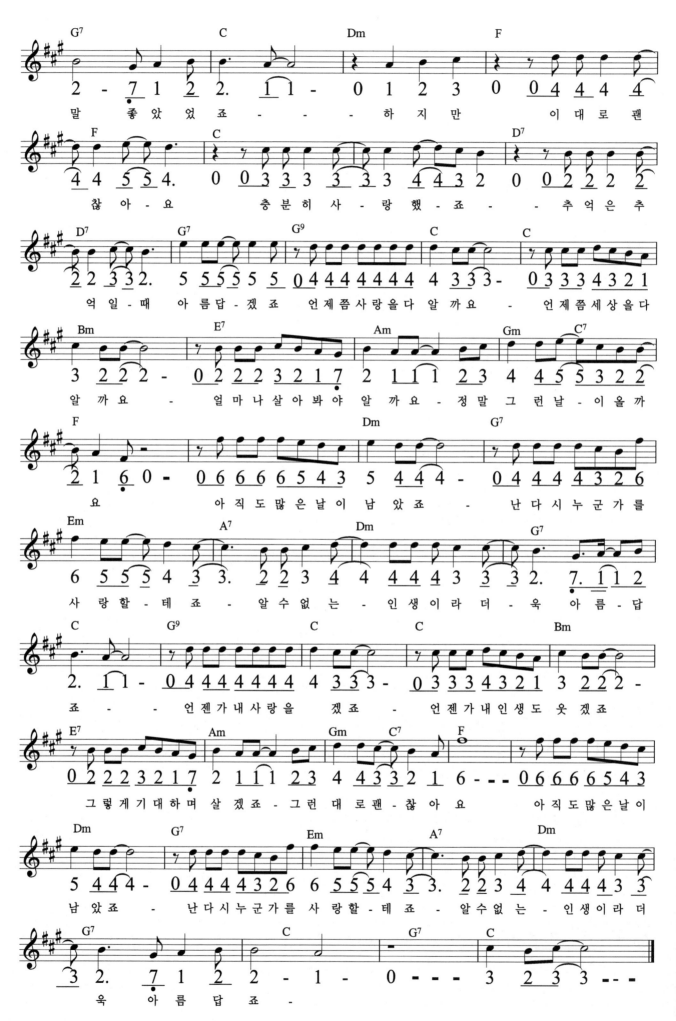

어디서 무엇이 되어 다시 만나랴

김광섭 작사 / 이세문 작곡
유심초 노래

어머님

김중순 작사 / 고봉산 작곡
남진 노래

노래 / 반주 / **A#**

어쩌다 마주친 그대

구창모 작사 / 작곡
송골매 노래 노래

원곡 / 반주 / **Em (G)**
16 Beat

Am

6 6 6 6 6 6 06 0 60 60 6 6 6 0

C G F G E⁷

1 - 2 - 4 - 5 -

Am

6 6 6 6 6 6 06 0 60 60 6 6 6 0

Am

3 3 2 3 2 3 - 5 5 6 5 3 3 -

어 쩌 다 마 주 친 그 대 모 습 에 -
피 어 나 는 꽃 처 럼 아 름 다 운 그 녀 가 -

C

B♭ E⁷ Am G

2 2 4 4 4 4 4 5 4 3 3 - - - 3 3 2 3 2 3 - 7 7 7 1 7 7 -

내 마 음 을 빼 앗 겨 버 렸 네 - 어 쩌 다 마 주 친 그 대 두 눈 이
이 슬 처 럼 영 롱 한 그 대 두 눈 이

F E⁷ Am C G

6 6 6 6 #5 5 5 5 5 5 6 - - - 1 1 1 1 1 1 2 3 2 - - 1 7

내 마 음 을 사 로 잡 아 버 렸 네 그 대 - 에 게 - 할 말 이 있 는

F Dm G E⁷

6 - - 7 1 4 - - 5 6 7 - - 6 5 3 - - - 3 2 1 7

데 왜 이 리 용 기 가 없 을 까

Am C B♭ E⁷

3 3 3 2 3 2 3 - 5 5 6 5 3 3 - 2 2 4 4 4 4 4 5 4 3 - - -

말 을 하 고 싶 지 만 자 신 이 없 어 - 내 가 슴 만 두 근 두 - 근

Am G F E⁷ Am

D.C

6 6 6 3 - 7 7 7 1 7 - 6 6 6 6 #5 5 5 5 6 - - -

답 - 답 한 이 내 - 마 음 바 람 속 에 날 려 보 내 리
바 - 보 바 - 보 나 는 바 보 인 - 가 - 봐

여고 시절

주영자 작사 / 김영광 작곡
이수미 노래

노래 / **G** / 반주 / **F**

Slow Rock

130 여고 졸업반

정재훈 작사 / 정민섭 작곡
김인순 노래

반주 / 노래 / **A# (Gm)**

Go Go 간주후 **D.S** 로감

오동잎

안치행 작사 / 작곡
최헌 노래

노래 / 반주 / D

Go Go

Am / Dm / E7 / Am / %: Am

2 3 4   6 6 1 2 3 5 3 2 1   4 3 2 6 6 -   0 3 3 2 1 2 1 7 #5 6   1 3 3 -   0 3 1 7

오 동 잎

6 - 2 4   3 3 2 1 6 1 2   3 - - - 0 2 1 2 4   3 - 6 1   7 3 2 3 #5 6 3 2

한 잎 두 잎   떨 어 지 는 가 을 밤 에

Am / Dm / Am / Dm

3 2 7 2 3 -   0 6 7 1   3 5 6 1 2 3 5 6 1   2 7 6 4   3 - - - 0 2 1 2 4

그 어 디 서   들 려 오 나   귀 뚜 라 미

E7 / Am / Am / E7

3 - 7 1   6 - - - 3 5 1 1 2 3 2 1 6   0 6 6 6 7   1 - 7 6   0 7 7 7 1

우 는 소 리   고 요 하 게 흐 르 는   밤 의 적 막

Am / E7 / Am

7 - #5 3 2 3   0 1 1 1 2   3 - 2 1   7 7 7 7 7 1   7 - - - 0 3 1 7

을   어 이 해 서 너 만 은 싫 다 고 울 어 대 나   그 마 음

Dm / Am / Dm / Am / E7

6 - 2 4   3 - - - 5 4 2 3 2 7 6 3   0 2 1 2 4   3 - 6 1   7 - - -

서 러 우 면   가 을 바 람 따 라 - 서

Am / Dm / Am / Dm

3 2 3 3 #5 7   0 6 7 1   3 - - - 0 7 6 4   3 - 6 5 3 2   0 7 7 7 1

너 의 마 음   멀 리 멀 리   띄 워 보 내

E7 / Am

2 - 1 7   6 - - - 3 5 1 1 2 3 2 1 6 0 7 7 7 1   2 - 1 7   6 - - -

주 려 므 나   띄 워 보 내 주 려 므 나

Am / Dm / E7 / Am / Am

3 5 1 1 2 3 2 1 6   0 6 1 2 3 5 2   4 3 2 6 6 - 3. 2 1 2 1 #5 6   1 3 3 - 6 0 6 -

156

오사카 시구레 (오사카의 늦가을비)

요시오카 오사무 작사 / 이찌카와 쇼스케 작곡
미야코 하루미 노래

133 왜 그런지

전우 작사 / 김인배 작곡
성재희 노래

노래 / G# / 트롬펫(김인배) / F

158

우리는

송창식 작사 / 작곡
송창식 노래

GoGo

원곡 / **G** / 반주 / **G**

울어라 열풍아

한산도 작사 / 백영호 작곡
이미자 노래

있을때 잘해

김정혜, 이건우 작사 / 박현진 작곡
오승근 노래

노래 / 반주 / **D#**

잊을 수가 있을까

이호 작사 / 작곡
나훈아 노래

잊을수 없는 연인

한산도 작사 / 백영호 작곡
이미자 노래

반주 / **A** / 노래 / **A#**

자옥아

초등일, 한아름 작사 / 박현진 작곡
박상철 노래

노래 / C#(A#m) / 반주 / B(G#m)

Trot

장녹수

박성훈 작사 / 임택수 작곡

142 장미꽃 한송이

하지영 작사 / 이호준 작곡
오승근 노래

노래 / 반주 / G

재회

하덕규 작사 / 작곡
남궁옥분 노래

노래 / **C** / 반주 / **A#**

Slow Go Go

저 별과 달을

김정호 작사 / 작곡
어니언스 노래

노래 / 반주 / **G**

Go Go (Calypso)

전우가 남긴 한마디

전오승 작사 / 작곡
허성희 노래

노래 / 반주 / **G**

Slow Tango

제비처럼

유승엽 작사 / 작곡
윤승희 노래

원KEY / A# / 반주 / C키이

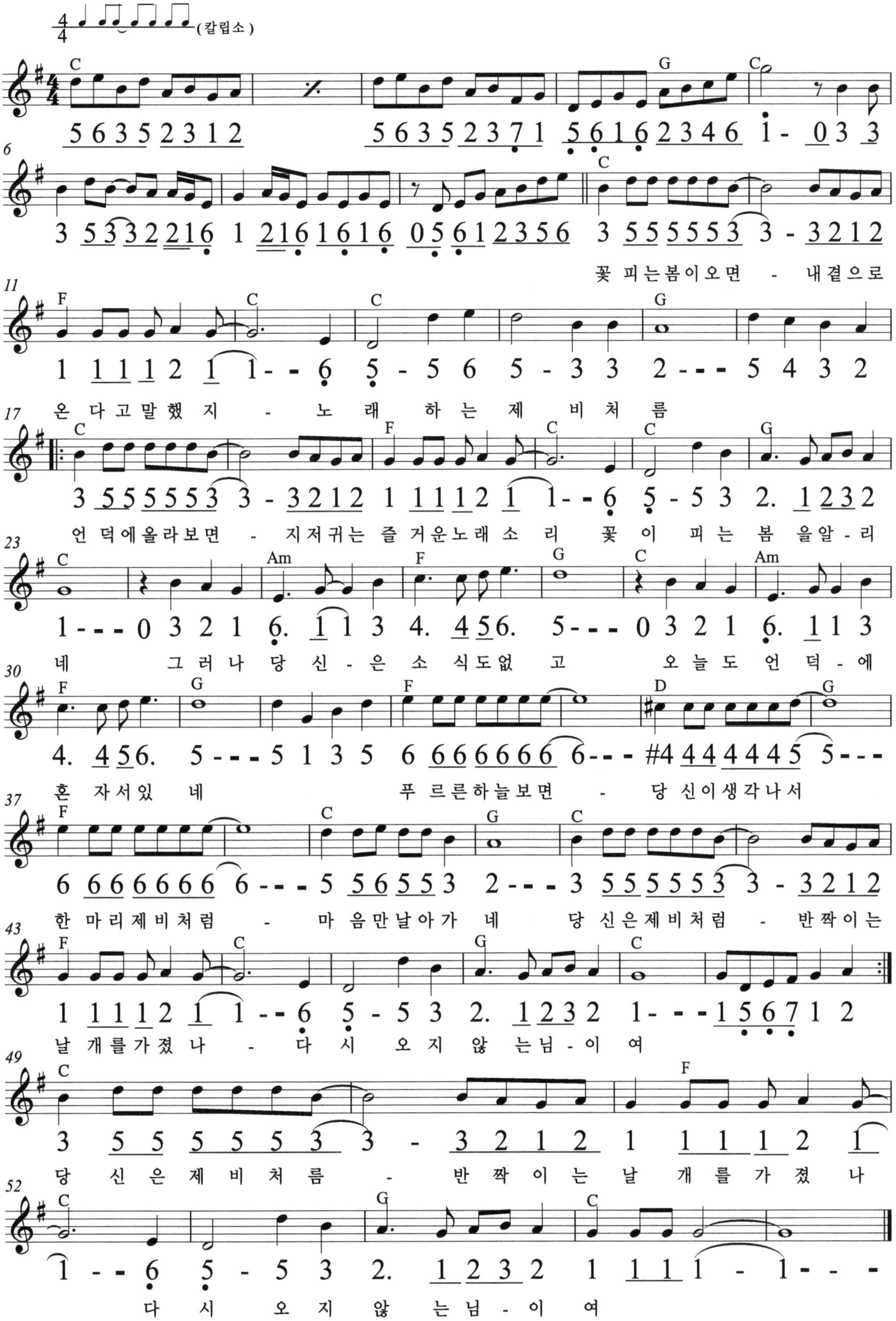

(칼립소)

꽃 피는봄이오면 - 내곁으로

온 다고말했지 - 노래 하는 제 비처럼

언덕에올라보면 - 지저귀는 즐거운노래소리 꽃이 피는 봄을알-리

네 그러나당신-은소식도없 고 오늘도 언덕 에

혼 자서있 네 푸르른하늘보면 - 당신이생각나서

한 마리제비처럼 - 마음만날아가 네 당신은제비처럼 - 반짝이는

날 개를가졌 나 - 다시 오지않 는님-이 여

당 신은제비처럼 - 반짝이는 날 개를 가졌 나

다 시 오지않 는님-이 여

제주도의 푸른밤

최성원 작사 / 작곡
최성원 노래

반주 / 노래 / **F**

8 Beat (칼립소)

종점

유호 작사 / 이봉조 작곡
최희준 노래

노래 / 반주 / **D#**

Slow Rock

지난 여름날의 이야기

박건호 작사 / 윤오 작곡
딱다구리 앙상블 노래

진정 난 몰랐네

김희갑 작사 / 작곡
임희숙 노래

노래 / 반주 / F

Slow Beat

찻집의 고독

박정웅 작사 / 작곡
나훈아 노래

노래 / 반주 / G

Go Go

처녀 농군

황우루 작사 / 이철혁 작곡
최정자 노래

신민요

창부타령

경기도 민요

천년지기

정동진 작사 / 김정호 작곡
유진표 노래

첫사랑의 언덕

길옥윤 작사 / 작곡
박형준 노래

노래 / **F** / 반주 / **G**

총맞은 것처럼

Hitman Baang 작사 / 작곡
백지영 노래

노래 / 반주 / G# (Fm) A(F#m)

초원

지명길 작사 / 정민섭 작곡
히파이브 노래

노래 / F

Soul

최진사댁 셋째딸

외국곡 / 조영남 / 작사
조영남 노래

친구 (펑유)

유지괭 작사 / 유시명 작곡
안재욱 노래

노래 / 반주 / **G .G#** E

발라드

추억의 안단테

지명길 작사 / 김남균 작곡
유익종 노래

노래 / C

Slow Go Go

친구

임찬택 작사 / 차태일 작곡
김경남 노래

노래 / 반주 / **D#**

Slow

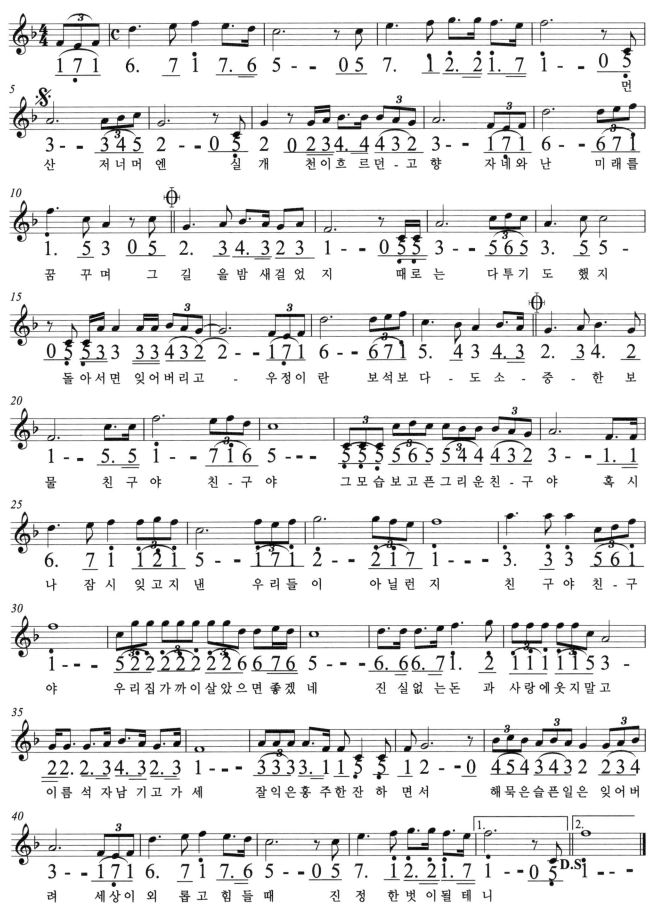

코꼬니 사치아리 (여기에 행복이 있네)

다카하시 기쿠타로 작사 / 이다 사부로 작곡
오쓰 요시코 노래

노래 / G 이자연

일본가요풍

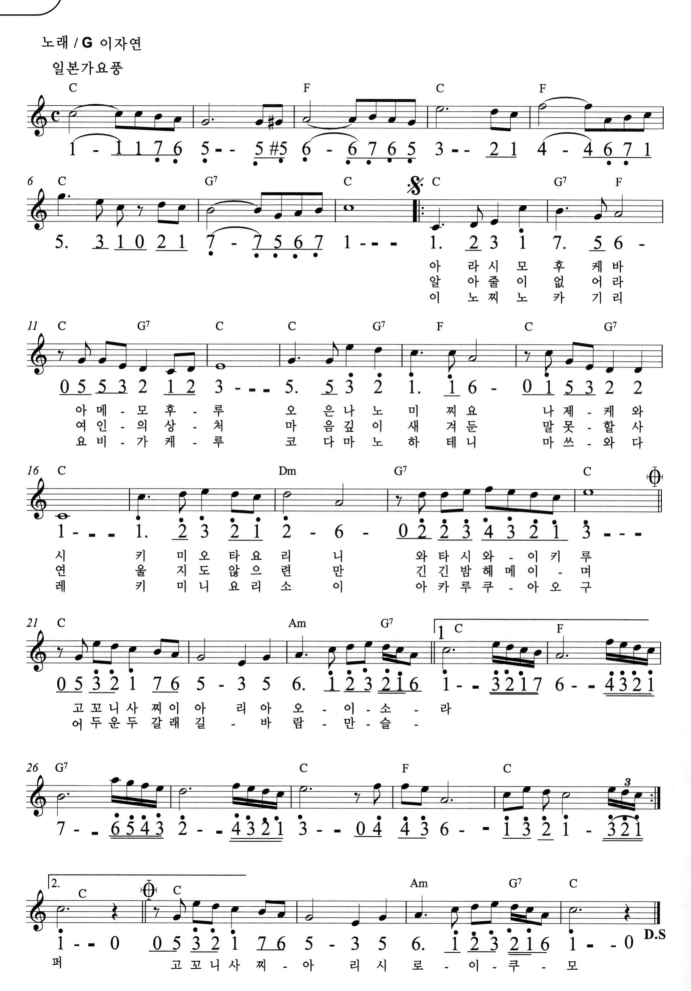

코이비토요 (연인이여)

고와 마유미 작사 / 작곡
고와 마유미 노래

164 태평가

경기도 민요

푸른날개

정성수 작사 / 전오승 작곡
박재란 노래

노래 / **D#** / 반주 / **D**

피리부는 사나이

송창식 작사 / 작곡
송창식 노래

하얀 모래위의 꿈

채인철 작사 / 변혁 작곡
조용필 노래

노래 / **F** / 반주 / **E**

Waltz

하얀 조가비

강동길 작사 / 박인희 작곡
박인희 노래

노래 / **D(Bm)** 반 주 / **C# (Bbm)**

Waltz 전주땐 네번째 마디 빼고한다. 간주땐 다 한다.

하와이 연정

길옥윤 작사 / 작곡
패티김 노래

노래 / 반주 / A#

Hulla

하토바 시구레 (부두의 가을비)

요시오까 오사무 작사 / 오까 센슈 작곡
이시카와 사유리 노래

사유리노래 / C
일본가요풍

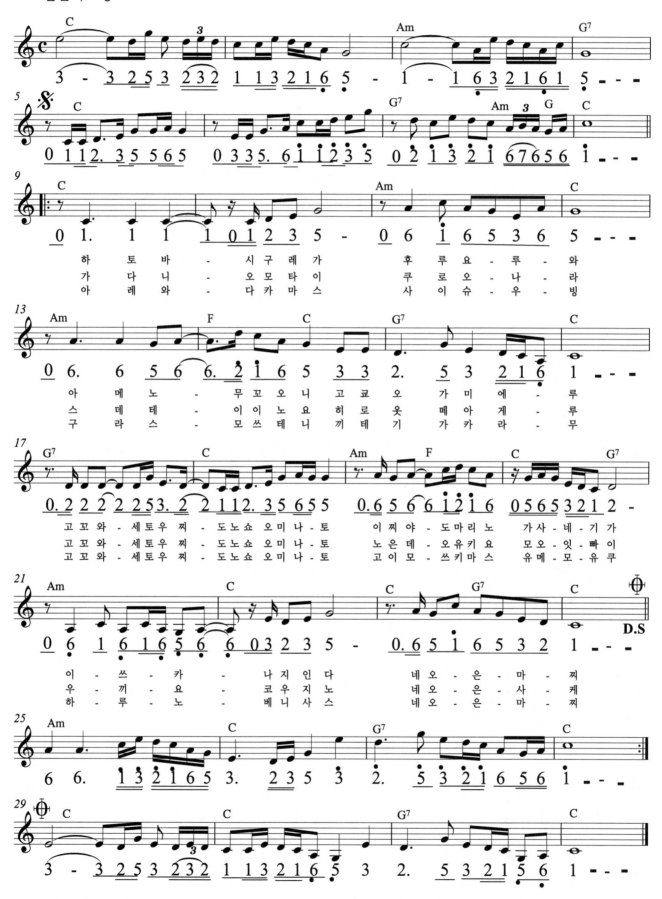

171 합정역 5번 출구

이건우, 유산슬 작사 / 박현우 작곡
유산슬 노래

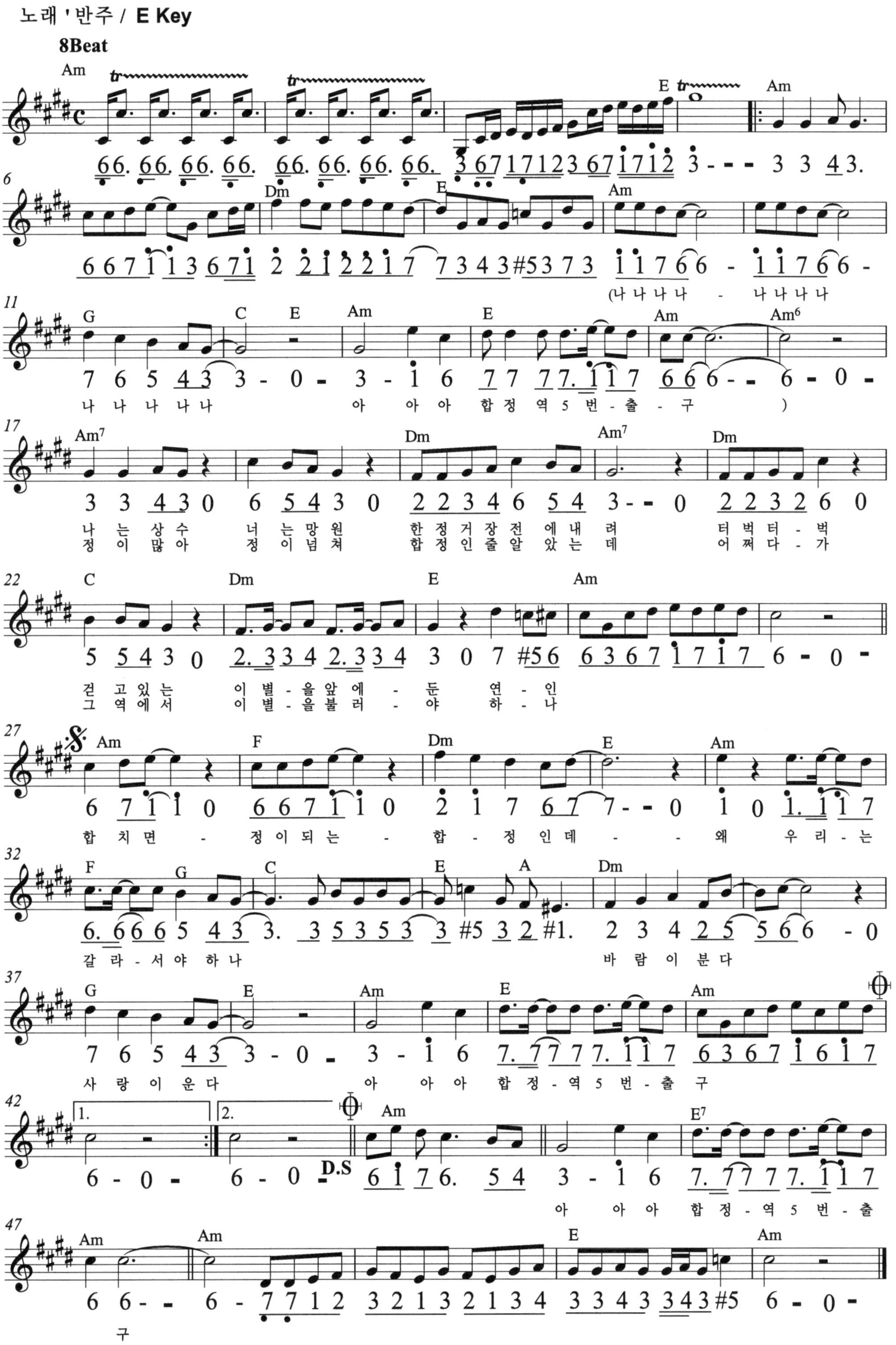

행복의 샘터

이계성 작사 / 작곡
박재란 . 이양일 노래

노래 / **A** / 연주 / **G**

Waltz

173 향수 (옛가요)

손로원 작사 / 이재호 작곡
박재홍 노래

반주 / **C** / 노래 / **D**

Trot

황진이

한솔 작사 / 박현진 작곡
박상철 노래

노래 / 반주 / D (Bm)

호시카게노 왈츠 (별빛의 왈츠)

하쿠쵸 소노에 작사 / 엔도 미노루 작곡
센 마사오 노래

노래 / **D#**

일본가요풍

황혼의 블루스

정두수 작사 / 박춘석 작곡
이미자 노래

노래 / **A#** / 반주 / **G#**

회전의자

신봉승 작사 / 하기송 작곡
김용만 노래

노래 / F / 반주 / D

Swing

흑산도 아가씨

정두수 작사 / 박춘석 작곡
이미자 노래

노래 / **F** / 반주 / **D#**

Trot

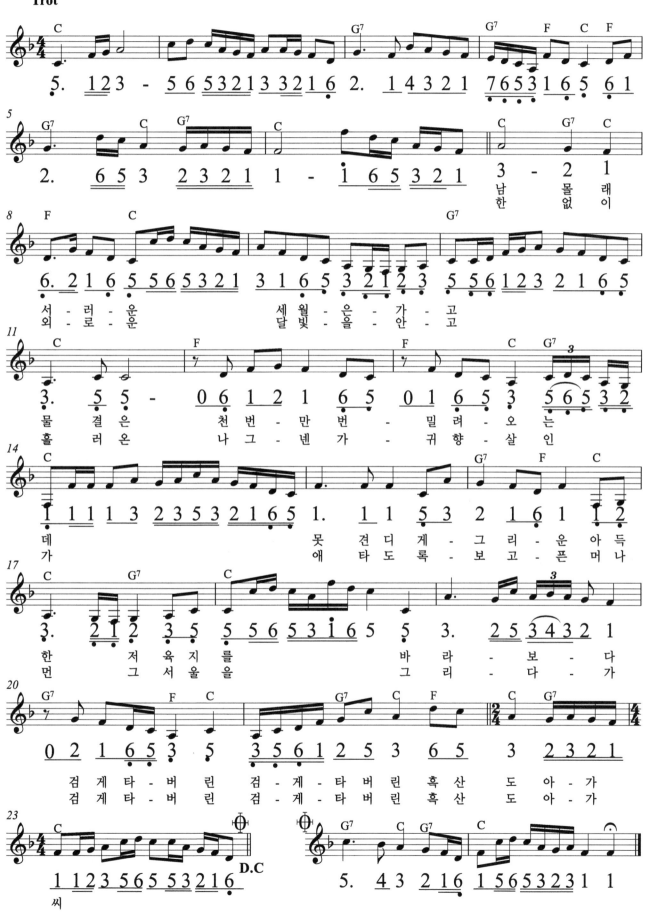

흔적

김순곤 작사 / 방기남 작곡
최유나 노래

노래 / 반주 / A# (Gm)

Slow GoGo

희망가

채규엽 노래

왈츠

5 - - 1 - - 1 - 3 2 1 - 1 2 3 - 3 5 - 5

5 - 6 3 5 3 1 6 1 2 1 6 1 - 5 6 1 6 3 5 -

1 1 3 5. 1 2 1 - - 1 - 5 1 - 1 1 2 3
　　　　　　　　　　　　　　　이 풍 진 세 상 을

5 - 3 2 1 - 2 3 - 3 3 2 1 2 1 6 5 - 5
만 났 - 으 니 너 의 희 망 이 무 엇 이 냐 부

1 - 1 1 2 3 5 - 3 2 1 - 2 3 3 3 2 5 2
귀 와 영 화 를 누 렸 - 으 면 희 망 이 족 - 할

1 - - 1 2 3 4 5 6 - 6 6 5 6 1 - 6
까　　　　　푸 른 하 - 늘 밝 은

5 5 5 3 - 3 3 2 1 2 1 6 5 - 5 1 - 1
달 아 래 곰 - 곰 - 히 생 각 하 니 세 상

1 2 3 5 - 3 2 1 - 2 3 3 3 2 5 2 1 - -
만 사 가 춘 몽 - 중 에 또 다 시 꿈 같 도 다

1 7 6　D.C　　1 - 3 4 5 6 7 1 - -
　　　　　　　　　　다

209

희망의 속삭임

A.Hawthorne / 작곡

Amapola 양귀비꽃 (미의상징)

Music by / L. Calle & A. Gamsel

연주 / A#
Medium Fast / 120

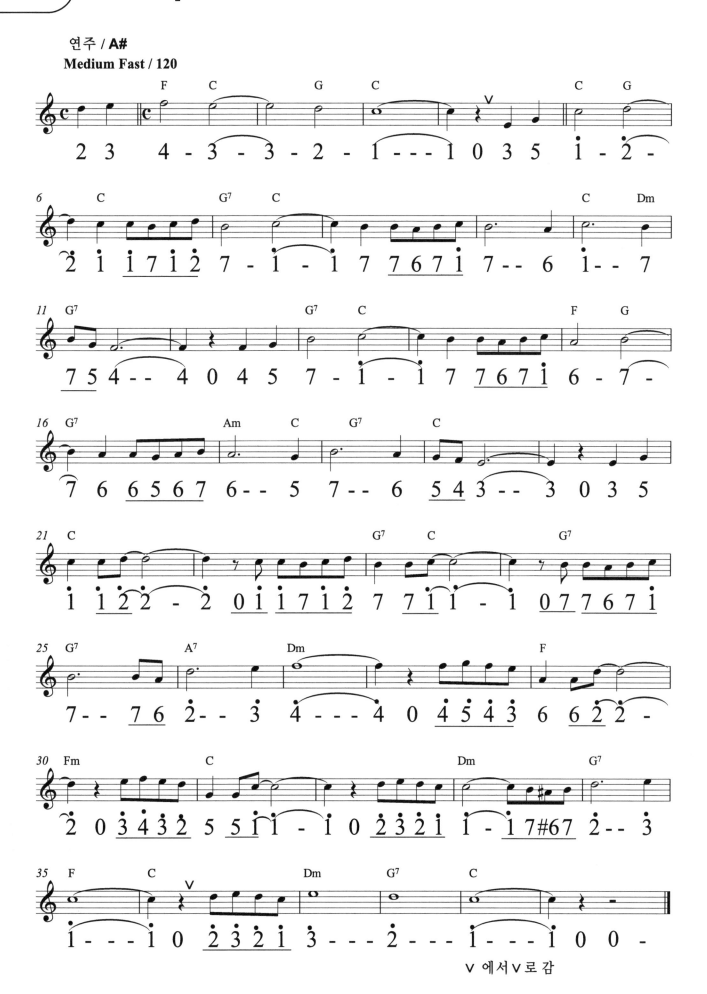

V 에서 V 로 감

Broken Promises (검은상처 의 부루스)

John Schachtel / 작곡

184 Distant Drums

Jim Reeves / 노래

D-Key ( )는 2절

Moderato

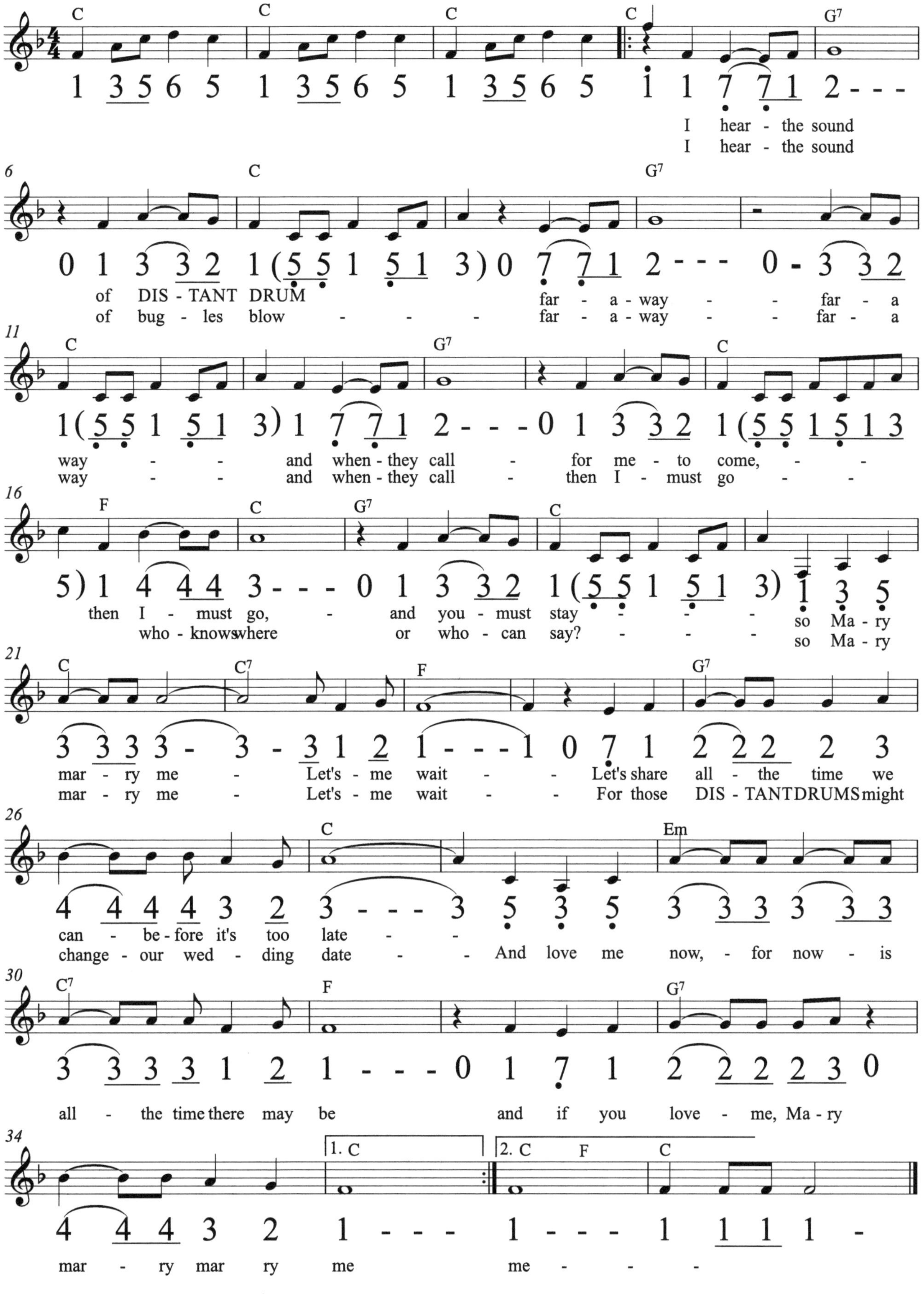

185 East Of Eden (에덴의 동쪽)

L.Rosenman / 작곡

Waltz

G 선상의 아리아

J. S. Bach / 작곡

Lento

GUANTANAMERA (꽈안떼나메라)

Folklore Cubano

Moderately

188 Hochzeit-Chor (결혼 행진곡)

R. Wagner / 작곡

아름답게

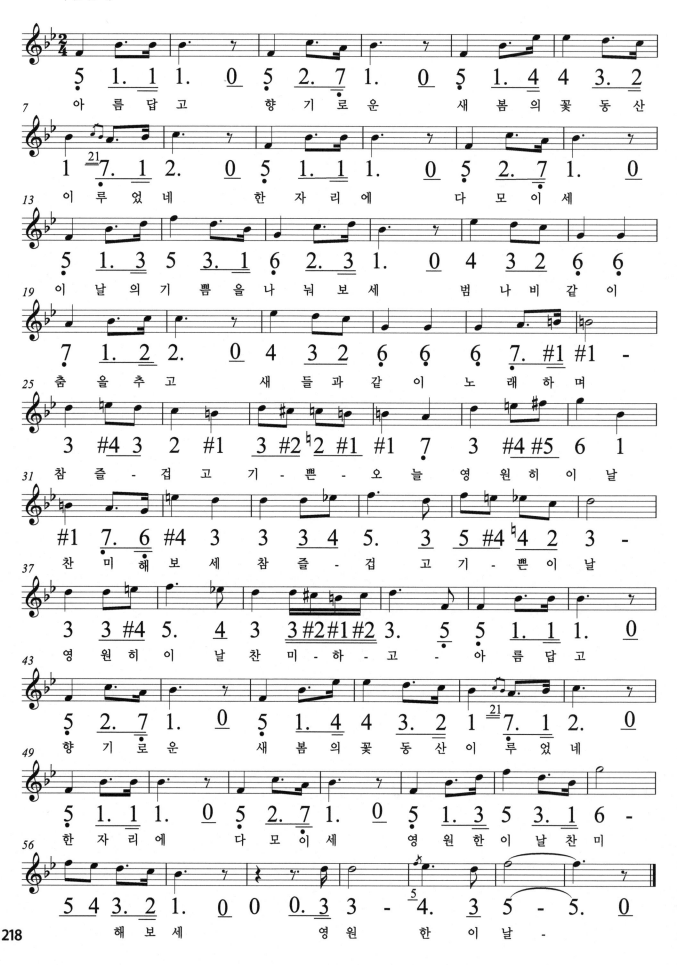

La Chanson D'orphee (흑인 올페의 노래)

Luiz Bonfa

연주 / C

Bossa Nova

LA Golondrina (제비)

멕시코 민요
Trio LAS Panchos 노래

Moon River

Andy Williams 노래

192 My Love (내사랑)

김인배 작곡 / 연주

연주 / G#

8Beat

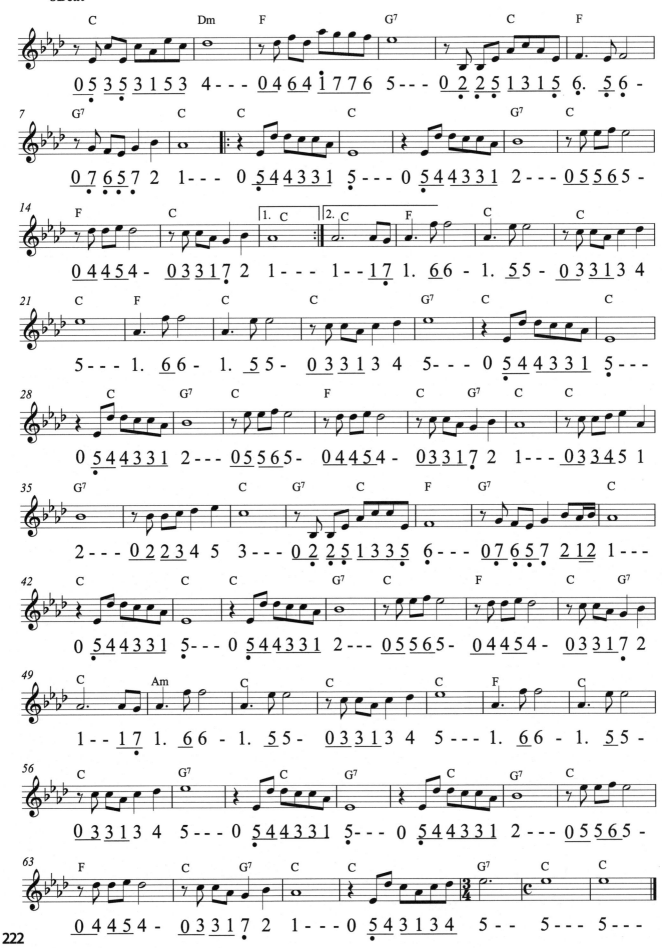

222

Quizas Quizas Quizas (어쩌죠)

O. Farres 작곡

원키이 / Dm (F) / Bm ((D)

194. Shostakovich Jazz Suite No.2

Dimity Shostakovich 작곡

왈츠풍으로

Solvejg's Lied (솔베이지의 노래)

E. Grieg 작곡

Un Poco Andante 느린걸음걸이 빠르기로

Summertime

George Gershwin 작곡

Yesterday

J. Lennon & P . McCartney 작사 / 작곡
Beatles 노래

Harmonica Masterpiece Series vol.08
Comprehensive Repertoire

하모니카 명곡집 ⑧

종합 편

초판 발행일 2024년 11월 20일

편저 정옥선
사보 정옥선
발행인 최우진
편집·디자인 편집부

발행처 그래서음악(somusic)
출판등록 2020년 6월 11일 제 2020-000060호
주소 (본사) 경기도 성남시 분당구 정자일로 177
     (연구소) 서울시 서초구 방배4동 1426
전화 031-623-5231 **팩스** 031-990-6970
이메일 book@somusic.co.kr

ISBN 979-11-93978-38-2 14670
     979-11-93978-39-9 14670(세트)